Kewgrowing

# CULTIVO DE ORQUÍDEAS POR SEMILLAS

## PHILIP SEATON MARGARET RAMSAY

### TRADUCIDO POR JORGE WARNER

Kew Publishing

Royal Botanic Gardens, Kew

PLANTS PEOPLE
POSSIBILITIES

Es publicación 2009 por

Royal Botanic Gardens, Kew
Richmond, Surrey, TW9 3AB, UK
www.kew.org

ISBN 978-1-84246-423-6

British Library Cataloguing in Publication Data
Un registro del catálogo de este libro está disponible en la British Library

Traducido por Jorge Warner
Editado por Philip Seaton
Ilustrado por Philip Seaton
Diseño y diagramación por Tanya Cornish y Nicola Thompson para Media Resources,
Departamento de Servicios de Información, Royal Botanic Gardens, Kew.

Impreso en el Reino Unido por Cambrian Printers Ltd.

**Mixed Sources**
Product group from well-managed
forests and other controlled sources
www.fsc.org  Cert no. TT-COC-2200
© 1996 Forest Stewardship Council

Para más información o para comprar otros títulos de Kew por favor visite
www.kewbooks.com o escriba a publishing@kew.org

A la memoria de mis padres Jennie
y George quienes me inculcaron
la observación y la interpretación
del mundo natural *MR*

Para Grace y Joyce, mi madre y mi
esposa, por compartir mi pasión
por las plantas *PS*

# CONTENIDOS

# PRESENTACIÓN

Me da mucho gusto presentar el libro *Cultivo de Orquídeas por Semillas*, un recuento paso a paso de las técnicas que han llevado el cultivo de orquídeas al alcance de aquellos interesados en cultivar sus propias plantas a partir de semillas. Con muchos años de experiencia entre ellos, y entendimiento de que los cultivadores frecuentemente tienen acceso a una limitada cantidad de recursos, los autores han adoptado un enfoque práctico, de baja tecnología para el cultivo de semillas de orquídeas, utilizando el mínimo de aparatos técnicos y materiales fáciles de conseguir. Los métodos de cultivo in vitro han tenido un considerable efecto en la conservación de las orquídeas, muchas de las cuales se consideran amenazadas o en peligro de extinción en la naturaleza, debido principalmente a la destrucción de su hábitat. Utilizando los sencillos métodos que aquí se presentan, las orquídeas pueden multiplicarse en grandes cantidades con el propósito de cultivarlas, reintroducirlas o comercializarlas. Los tiempos cuando grandes cantidades de plantas silvestres eran vendidas para reemplazar aquellas que morían en cultivo han desaparecido en la mayor parte del mundo. Las plántulas cultivadas en el laboratorio son más sanas y más vigorosas que aquellas recolectadas en la naturaleza y con frecuencia provienen de clones seleccionados de calidad superior.

El folleto de Peter Thompson, Orchids from Seed fue publicado en 1977 y desde entonces se ha continuado vendiendo de manera constante. Su enfoque sencillo y práctico, y su bajo precio han asegurado su popularidad en más de una generación de cultivadores de orquídeas.

Desde su aparición, el cultivo de orquídeas a partir de semillas pasó de ser un procedimiento que requería un laboratorio especializado a ser un procedimiento que los cultivadores aficionados a menudo llevan a cabo en la cocina de su hogar. Thompson efectivamente le quitó el aura de alquimia que tenía el cultivo de semillas de orquídeas. Sin embargo, los métodos y los materiales han progresado en los últimos 28 años por lo que Philip Seaton y Margareth Ramsay han decidido brindarnos su enfoque con las técnicas más actualizadas.

Mientras que el folleto de Thompson sufría pronto en el laboratorio por su consistencia rústica y poco firme, esta publicación con su cubierta y páginas resistentes al agua ha sido diseñada para colocarse en la mesa de trabajo. El libro ha sido diseñado con una gran cantidad de ilustraciones para permitir que los usuarios puedan seguir las técnicas con facilidad. Los autores confían en que esto sirva para persuadir a los cultivadores de orquídeas a dar el paso inicial.

**Dr Phillip Cribb**
**Coordinador: IUCN/SSC/OSG**

El Grupo de Especialistas en Orquídeas (OSG) de la UICN patrocina este importante libro como parte de su esfuerzo para promover la conservación de las orquídeas en el planeta. El OSG está integrado por más de 200 científicos, cultivadores y conservacionistas, es un grupo de voluntarios que proporciona su experiencia en la conservación de las orquídeas a la UICN y a otros grupos internacionales y gobiernos. Usted puede obtener más información del OSG en la dirección electrónica http://go.to/orchid-specialist-group

# Presentación para la edición en el idioma Español

La traducción de *Cultivo de Orquídeas por Semillas* al Español ha sido patrocinada por la Iniciativa Darwin para apoyar un proyecto llamado "Almacenamiento de semillas de orquídeas para uso sostenible" (en inglés 'Orchid Seed Stores for Sustainable Use', sigla "OSSSU"). Financiados por Defra (el Departamento del Reino Unido para el Ambiente, Alimentación y Asuntos Rurales), los proyectos de la Iniciativa Darwin asisten a países ricos en biodiversidad para implementar el Convenio sobre la Diversidad Biológica (CBD).

El objetivo de OSSSU es establecer una red global de bancos de semillas de orquídeas, incluyendo países en Latinoamérica, el hábitat de más de un tercio de los géneros de orquídeas del mundo y dos quintos de sus especies. Muchas de estas especies están en peligro en sus hábitats naturales, y hay un interés creciente tanto entre la comunidad científica como entre cultivadores aficionados y profesionales en el desarrollo de técnicas de germinación para propósitos científicos y de horticultura.

Con sus instrucciones claras y comprensibles, *Cultivo de Orquídeas por Semillas* explica el proceso para producir con éxito plántulas de orquídea desde la polinización, cosecha y almacenamiento de la semillas hasta su germinación y trasplante. Desde su publicación en el año 2005 se ha convertido en el texto estándar de esta materia, y es igualmente popular entre profesionales y cultivadores de orquídeas aficionados. Hasta la publicación de este libro en el idioma Español, resultaba difícil encontrar esta información por lo que al publicar esta edición los autores pretenden alcanzar una audiencia mucho más amplia, y en particular promover la producción de orquídeas por semilla en países de habla española.

**Prof. Hugh W. Pritchard**
**Líder del Proyecto OSSSU**
**Jardines Botánicos Reales de Kew, Reino Unido**

# PREFACIO

Pocas cosas en el cultivo de las orquídeas brindan más satisfacción que desarrollar sus propias plantas a partir de semillas y la mayoría de las especies pueden cultivarse fácilmente utilizando el equipo que se encuentra en la cocina de cualquier casa y los medios de cultivo más simples.

Las semillas de Orchidaceae no contienen las grandes y pesadas reservas de alimento que se encuentran en la mayoría de las plantas de otras familias, lo cual favorece su dispersión por la brisa del viento. Las semillas se producen en grandes cantidades (algunas especies producen más de un millón de semillas por cápsula), pero en la naturaleza las oportunidades que tiene un individuo para germinar y desarrollarse en una planta adulta son muy pequeñas: ellas no solo tienen que llegar a un hábitat apropiado, también necesitan encontrar un tipo de hongo particular y asociarse con él para poder germinar.

Afortunadamente para los cultivadores de orquídeas, en la década de 1920 Lewis Knudson desarrolló procedimientos sencillos para germinar semillas de orquídeas (principalmente tropicales) sin la necesidad de la asociación con un hongo; estos procedimientos han sido posteriormente mejorados y refinados por otras personas. Las técnicas y los medios que describimos en esta publicación son aquellos con los cuales hemos tenido éxito a lo largo de los años, y no pretendimos que fueran exhaustivos. Una vez que usted adquiera experiencia con las técnicas básicas, esperamos que también aumente su interés de experimentar y desarrollar sus propios métodos. Esto es, después de todo, algo que se disfruta mucho.

Las técnicas de germinación simbiótica que se requieren para reproducir las orquídeas de zonas templadas son ligeramente más complicadas y escapan al objetivo de este libro por lo cual serán tratadas en un futuro volumen.

Nos gustaría manifestar nuestro agradecimiento a la Unidad de Micropropagación de los Reales Jardines Botánicos de Kew, especialmente a Dickon Bowling, Robin Graham, Monica McMichen y Grace Prendergast por desarrollar y depurar muchas de las técnicas descritas aquí; a Hugh Pritchard por su dedicación y consejo a lo largo de los años para el almacenamiento de semillas; a Isobyl la Croix por permitir el uso de dibujos previamente publicados en *The Orchid Review*; al Dr. Eduardo Sánchez Sánchez por su consejo en el transplante de plántulas de orquídeas, al Dr. Phillip Cribb por su apoyo y motivación y por el permiso para incluir su medio de cultivo para el crecimiento de plántulas terrestres publicado en *Hardy Orchids*, a Dave Roberts por la revisión del manuscrito, a Tanya Cornish, Beth Lucas, John Harris y Andrew McRobb cuyos aportes han hecho de un manual sencillo algo muy especial.

**Philip Seaton y Margaret Ramsay**

# OBTENCIÓN DE SEMILLAS DE ORQUÍDEAS

# LA ESTRUCTURA DE LAS FLORES DE LAS ORQUÍDEAS

Con más de 25,000 especies, las orquídeas son notables por la diversidad y complejidad de sus flores. Para aquellos que están más familiarizados con las plantas de anteras filamentosas que esparcen un polen pulverulento y con estigmas pegajosos que salen del centro de las flores, las orquídeas pueden resultar confusas. Sin embargo, ellas tienen las mismas estructuras básicas que se encuentran en otras plantas con flor. Cada flor tiene tres sépalos y tres pétalos, uno de ellos o todos pueden estar modificados. La característica más obvia de una orquídea es usualmente la transformación de uno de los pétalos en un vistoso labio (el labelo) o, en un saco en el caso de las orquídeas conocidas como zapatillas. Opuesto al labelo se encuentra la columna, una estructura reproductiva formada por la fusión de los órganos femeninos y masculinos.

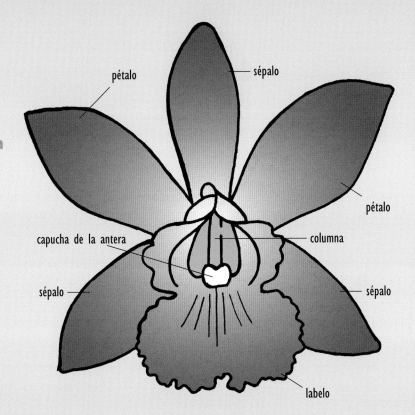

*Cattleya*

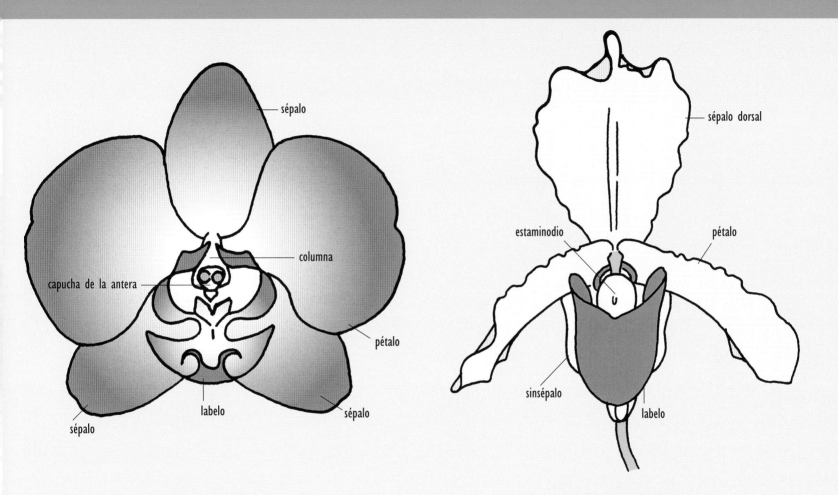

**Phalaenopsis**

**Paphiopedilum
(Orquídea Zapatilla)**

El polen de las orquídeas está agregado en unidades llamadas polinios, los cuales son transportados de una flor a otra por polinizadores específicos (usualmente insectos). En la mayoría de las orquídeas los polinios están ocultos en una pequeña cavidad ubicada detrás de la capucha de la antera en el extremo de la columna. El estigma está ubicado debajo de la columna, justo detrás de la capucha de la antera, y consiste de un material separado de la antera por un tejido llamado rostelo. En algunas especies, como las del género *Phalaenopsis*, cada polinio está unido a un disco pegajoso llamado viscidio. Las orquídeas zapatillas difieren de este patrón en que las masas de polen pegajoso se encuentran a cada lado de la columna.

Inmediatamente detrás de las flores se encuentra el ovario. En la medida en que los granos de polen van germinando en el estigma el ovario comienza a engrosarse cuando los miles de pequeños óvulos (huevos) se van desarrollando en su interior. Cada óvulo fertilizado se transformará en una semilla, y cuando estas semillas crecen y maduran, el fruto o la cápsula se engrosará gradualmente.

La auto incompatibilidad parece ser algo común en las orquídeas, y se estima que ocurre en al menos 10% de todas las especies de la familia. Los miembros de la tribu de los *Oncidium*, y las especies del género *Dendrobium*, son notables en este aspecto pues casi tres cuartas partes de las especies son auto incompatibles. Resulta por lo tanto esencial que usted utilice el polen de un clon diferente (no una división de la misma planta) en estas especies. En todo caso es siempre preferible, cuando sea posible, utilizar el polen y las semillas que se generan de padres diferentes, ya que es muy probable que produzcan una descendencia más variada y vigorosa.

Es posible que los dos padres potenciales que usted haya escogido no estén en floración al mismo tiempo. Aunque se ha publicado muy poca investigación acerca del polen de las orquídeas, resulta sensato pensar que la viabilidad del polen disminuye con la edad. El polen viejo tiene también más posibilidades de estar infectado por bacterias y esporas de hongos. Con un poco de cuidado es posible almacenar con éxito el polen de las orquídeas por varios meses o más tiempo (ver secciones de almacenamiento de polen y de semillas). Para el almacenamiento de polen por periodos cortos (dos semanas por ejemplo) los polinios pueden colocarse en una solución agar-agua (1% de agar en agua) y almacenarlos en el refrigerador a 4°C (39°F).

## Fuentes de semillas

Con frecuencia nos preguntan dónde se pueden obtener semillas de orquídeas. Las semillas pueden comprarse o intercambiarse mediante varios programas. Desafortunadamente la verdad es que muchas especies de orquídeas son hoy muy raras en la naturaleza y están en peligro de perderse en cultivo. Por esta razón lo instamos a obtener semillas de sus propias plantas y a promover que sus colegas que cultivan orquídeas hagan lo mismo. Esto reducirá la presión para recolectar plantas de poblaciones silvestres y mantendrá muchas más especies en cultivo.

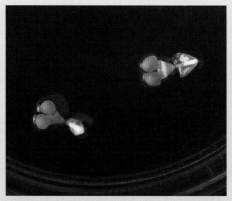

**Polinios de *Phalaenopsis* en agua-agar**

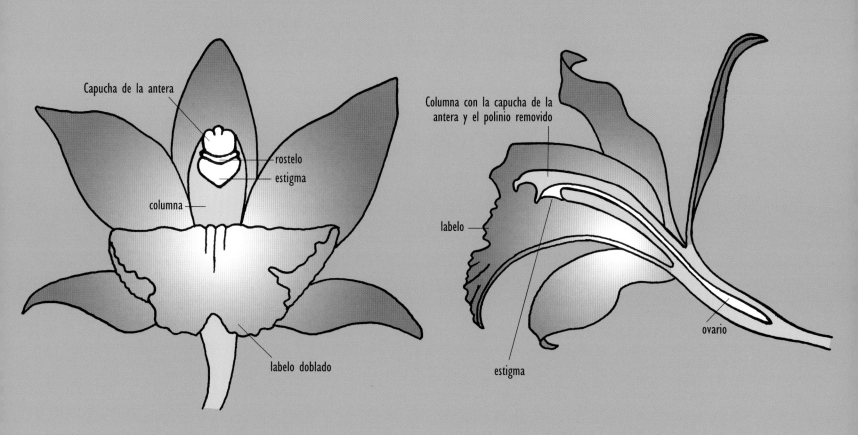

Capucha de la antera

rostelo

estigma

columna

labelo doblado

**Flor de *Cattleya* con el
labelo doblado hacia abajo**

Columna con la capucha de la
antera y el polinio removido

labelo

estigma

ovario

**Sección de una flor de
*Cattleya***

capucha de la antera
conteniendo los polinios

rostello

estigma

**Columna de *Cattleya* con la
capucha de la antera extendida**

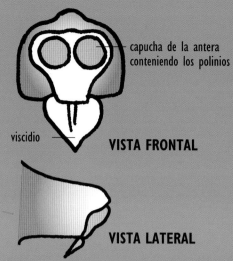

capucha de la antera
conteniendo los polinios

viscidio

**VISTA FRONTAL**

**VISTA LATERAL**

**Columna de *Phalaenopsis***

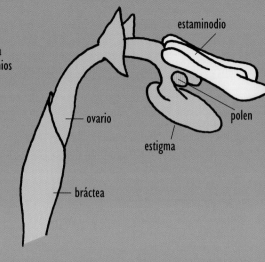

estaminodio

polen

ovario

estigma

bráctea

**Flor de *Paphiopedilum* con los
sépalos y pétalos removidos**

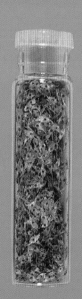

**Semillas almacenadas de diversos
géneros de orquídeas**

# Polinización

Frecuentemente resulta más sencillo polinizar en la casa las plantas que se desean reproducir que intentar hacerlo en el invernadero. Antes de que usted empiece, debe examinar la estructura de la flor y ubicar la antera y el estigma. Las flores grandes son generalmente más fáciles de polinizar que las flores pequeñas, donde la ayuda de una pequeña lupa resulta invaluable. Para evitar el riesgo de transmitir virus se deben utilizar siempre implementos estériles (o nuevos).

Cada óvulo dentro del ovario será fertilizado por un grano de polen de los miles que forman el polinio. Si se transfiere solo una fracción del polen disponible a la superficie del estigma lo más probable es que solo una pequeña proporción de los óvulos resulten fertilizados. Usted debe entonces asegurarse que ha utilizado suficiente polen para lograr obtener la mayor cantidad de semillas.

Cuando se realiza la polinización de flores en el campo con fines de conservación, es recomendable utilizar una pequeña bolsa o fina red de un material permeable como la seda, algodón, lana o nailon para cubrir la flor polinizada de forma tal que evite que otras polinizaciones puedan ocurrir por accidente. Esto puede además reducir la depredación de las cápsulas en desarrollo.

El etiquetado es muy importante, particularmente si se va a utilizar más de una planta. La maduración de las semillas dentro de las cápsulas puede tomar varios meses por lo que se requiere de etiquetas y tintas resistentes al agua. La información debe también registrarse al mismo tiempo en un cuaderno junto con la fecha de la cosecha. Esta última es particularmente importante cuando se cosechan y siembran cápsulas verdes.

# Polinizando sus flores

## Usted necesitará

- un mondadientes o unas pinzas de punta fina
- una hoja de papel blanco fino para recoger el polen que pueda caer

## Antes de comenzar

- Elija sus flores cuidadosamente. Es más probable tener éxito con flores frescas acabadas de abrir.
- Considere polinizar varias flores de la misma planta y polinizar flores de diferentes edades. Esto funcionará como un seguro contra fallos individuales. El excedente de cápsulas puede eliminarse una vez que se tenga seguridad del éxito de las otras cápsulas.
- Tenga presente que la "planta padre" es la planta de la cual se tomó el polen y que la "planta madre" es la planta que ha sido polinizada.

1 Examine la flor (con la ayuda de unos lentes de aumento si es necesario) para identificar y localizar la columna, la antera, el rostelo y el estigma.

2 Sostenga o coloque el papel debajo de la flor para atrapar cualquier polinio que pueda caer.

3 Remueva con cuidado la capucha de la antera. Los dos, cuatro o en ocasiones ocho polinios son usualmente fáciles de distinguir dado que el polen tiene por lo general un color amarillo intenso o anaranjado, aunque puede ser de otros colores (por ejemplo el polen de *Sophronitis cernua* es gris-azulado). Usualmente el polen permanecerá en su lugar en la columna. A veces permanecerá dentro de la capucha de la antera. En ocasiones puede que usted lo deje caer!

4 Remueva los polinios con un mondadientes, palillo fino o pinzas de punta fina.

5 Inserte el polinio gentilmente pero de manera firme dentro del estigma.

6 Asegúrese que usted transfirió una cantidad suficiente de polen y que haya quedado seguramente embebido dentro del estigma.

7 Etiquete la planta que recibió el polen con su respectivo nombre, anotando también el nombre de la planta de la cual obtuvo el polen, así como la fecha de polinización.

**Remueva los polinios con unas pinzas finas o ...**

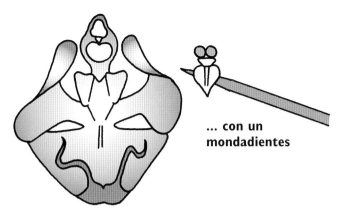

**... con un mondadientes**

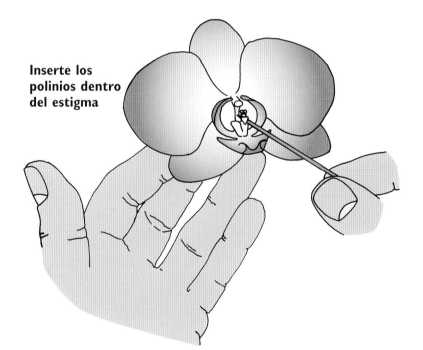

**Inserte los polinios dentro del estigma**

**Etiquete la flor polinizada con el nombre de la planta madre y el de la planta padre, así como la fecha de polinización**

# Polinización de orquídeas tipo zapatilla

**La característica más distintiva de una orquídea zapatilla es su labelo grande y abultado. Es el ejemplo clásico de una flor tipo trampa. Un insecto es atraído por la flor, para luego caer dentro del saco del zapatillo. En el trayecto que le permite escapar, si el insecto es del tamaño y forma correcta, recogerá el polen y lo transportará a otra flor en la cual sucederá la polinización.**

Una observación más cercana revelará que en el centro de la flor hay una estructura en forma de escudo. Esta es el estaminodio, el cual varía de forma según la especie de orquídea zapatilla. Las dos masas pegajosas de polen amarillo-marrón son relativamente fáciles de identificar y pueden encontrarse detrás del estaminodio, a cualquier lado de la columna. Encontrar el estigma puede resultar un poco más difícil, especialmente debido a que no es notoriamente pegajoso, y se encuentra debajo de la columna, oculto por el labelo. Se trata de un disco ligeramente convexo, similar en sus dimensiones al estaminodio. Puede resultar más fácil polinizar la flor si se remueve primero el labelo o, si no desea arruinar la flor, puede cortar una pequeña abertura en la parte interna del labelo que le permita acceder al estigma.

## Usted necesitará

- un mondadientes nuevo
- un bisturí o una hoja de afeitar

## Antes de comenzar

- Escoja sus flores cuidadosamente. Las posibilidades de éxito serán mayores con flores recién abiertas.
- Si le es posible, polinice varias flores en la misma planta. El exceso de cápsulas puede removerse cuando usted está seguro que una cantidad suficiente ha tenido éxito y que se desarrollan satisfactoriamente.

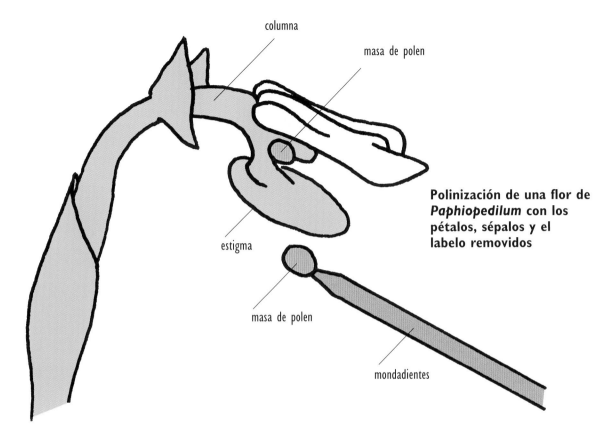

columna

masa de polen

estigma

**Polinización de una flor de *Paphiopedilum* con los pétalos, sépalos y el labelo removidos**

masa de polen

mondadientes

1   Remueva el labelo o corte una pequeña abertura en su parte inferior utilizando el bisturí o la hoja de afeitar.

2   Ubique y remueva el polen pegajoso con el mondadientes.

3   Distribuya el polen sobre el suave y brilloso estigma. Algunos cultivadores adhieren un polinio

adicional sobre la superficie estigmática para asegurarse que se transfirió suficiente polen para fertilizar la mayor cantidad de óvulos.

4   Etiquete la flor polinizada con el nombre de la planta madre y el de la planta padre, así como la fecha de polinización

# Fertilización

Cuando los granos de polen germinan, los tubos del polen crecen hacia la parte inferior de la columna para encontrar y fertilizar los óvulos. El ovario entonces empezará a engrosarse por un periodo que puede durar semanas o meses. Cuando la fertilización no ha sido exitosa, las flores usualmente se marchitan y caen del tallo floral.

Los cultivadores a menudo se preocupan porque la producción de semillas puede resultar perjudicial para la planta. Claramente la producción de una cápsula consumirá una proporción de los recursos de la planta pero esto no debería afectar la salud de una planta bien cultivada. Sin embargo, puede ser sabio restringir la producción de cápsulas a un máximo de dos por temporada para minimizar cualquier efecto negativo en el siguiente ciclo de crecimiento.

En la mayoría de las especies, las cápsulas cambian de verde a amarillo cuando están cerca de abrirse y de liberar las semillas. Pero hay que tener cuidado, esta no es una verdad absoluta ya que las cápsulas de algunas especies se abren cuando muestran un color verde. El tiempo que transcurre entre la fertilización y la dehiscencia (apertura) de la cápsula depende de la especie y también, en alguna medida, de las condiciones del ambiente. Algunas publicaciones contienen datos con los tiempos de maduración de las cápsulas (ver Apéndice 1: tiempos para cosechar y cultivar cápsulas verdes).

En los días que siguen a la polinización examine las flores con regularidad para determinar los signos de engrosamiento y descubrir si usted tuvo éxito.

Una vez que usted esté seguro que tendrá suficientes cápsulas puede proceder a eliminar el excedente.

# COSECHA Y ALMACENAMIENTO DE SEMILLAS

# COSECHANDO LAS SEMILLAS

**La buena calidad de las semillas que obtenga es la clave de todo el proceso de propagación. Todo su tiempo y esfuerzo para seleccionar el mejor medio, prepararlo, sembrar las semillas y cuidar los frascos no servirá de nada si usted no comienza con semillas de buena calidad.**

El recolectar y utilizar semillas producto de la polinización manual de sus plantas no presenta ningún problema especial. Sin embargo, si las semillas van a ser cosechadas en la naturaleza será necesario que usted obtenga un permiso de una autoridad competente. En el caso que la semilla vaya a ser importada, usted deberá cumplir con los acuerdos internacionales: el Convenio sobre el Comercio Internacional de Especies Amenazadas de Fauna y Flora Silvestres (CITES) y el Convenio de Diversidad Biológica (CDB). También es probable que se le solicite un Certificado o Permiso Fitosanitario. Ciertamente, cuando las plantas o las cápsulas están presentes en pequeños números, los recolectores deben apegarse a los procedimientos de muestreo acordados para garantizar que la recolección de las semillas no pondrá en peligro al resto de la población silvestre. El Proyecto Banco de Semillas del Milenio en los Reales Jardines Botánicos de Kew recomienda que la recolección se realice preferiblemente en poblaciones grandes, cosechando como máximo 20% de las semillas disponibles. A fin de muestrear la mayor diversidad genética posible, las cápsulas deben recolectarse de varias plantas dentro de la población. Las cápsulas pueden colocarse en tubos de vidrio para evitar la pérdida de semillas y la cápsula entera puede separarse de la planta mientras permanece dentro del tubo de vidrio.

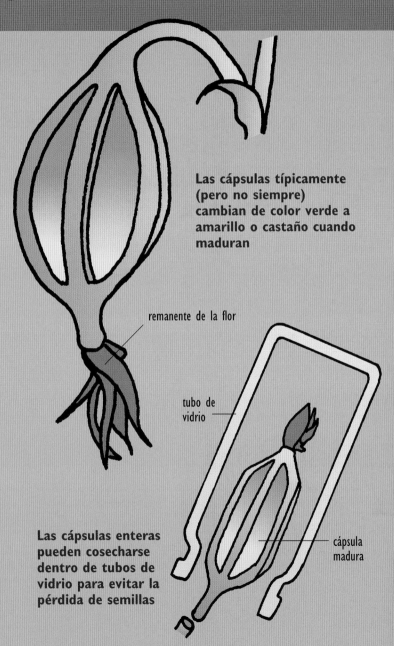

Las cápsulas típicamente (pero no siempre) cambian de color verde a amarillo o castaño cuando maduran

remanente de la flor

tubo de vidrio

cápsula madura

Las cápsulas enteras pueden cosecharse dentro de tubos de vidrio para evitar la pérdida de semillas

Las semillas recolectadas de diferentes plantas de la misma especie en una población deben mantenerse separadas mientras que las semillas recolectadas de los frutos de una planta pueden mezclarse y se consideran una colecta.

A menos que usted quiera sembrar semillas obtenidas de cápsulas verdes (ver página 48), las semillas deben cosecharse antes de la dehiscencia o inmediatamente después que esta ocurra. El tiempo que tarda una cápsula en madurar varía mucho en las diferentes especies de orquídeas, y aún entre las especies de un mismo género, y en muchos casos está influenciado por las condiciones de la época del año. Usualmente (pero no siempre) una cápsula comienza a cambiar su color a amarillo justo antes de empezar a abrirse a través de las distintivas suturas. Tome precauciones, una vez que la cápsula se ha abierto, las semillas pueden ser rápidamente contaminadas por los hongos y bacterias que viven en el ambiente húmedo y cálido de un invernadero. Además, la ventilación puede dispersar rápidamente las semillas dentro del invernadero.

En muchas orquídeas terrestres de zonas templadas la dehiscencia de las cápsulas no es notoria, por lo que una cápsula aparentemente intacta puede que en realidad se encuentre ya vacía. Para estas especies recomendamos que las cápsulas se recolecten antes de la dehiscencia.

**Cápsulas en desarrollo de *Guarianthe aurantiaca***

# Colecta y limpieza de las semillas

## Usted necesitará

- un bisturí o una hoja de afeitar estéril
- una bolsa de papel
- papel toalla o papel aluminio
- pinzas finas y un pincel

Para evitar la pérdida de semillas, trate de colocar una bolsa de papel alrededor de la cápsula cuando empieza a madurar. Observe el desarrollo de la cápsula con regularidad (al menos una vez por semana) para determinar los cambios en la coloración o en la apariencia del fruto. Cuando las cápsulas maduran las observaciones deben realizarse diariamente.

- Remueva la cápsula o las cápsulas de la planta con la ayuda de una hoja de afeitar estéril.

- Si la cápsula ya empezó a abrirse, las semillas pueden a menudo recolectarse con tan solo aplicar unos suaves golpes al fruto.

- Si la cápsula no se ha abierto (y piensa que las semillas están maduras), divida la cápsula en tres partes cortándola de forma longitudinal con la ayuda de un bisturí o de una hoja de afeitar estéril.

- En un ambiente libre de corrientes de aire, golpeé o raspe con gentileza la superficie de la cápsula para que las semillas caigan en un pedazo de papel blanco doblado o de papel aluminio para envolver con su cara brillante hacia arriba. Las dimensiones del papel o del aluminio estarán determinadas por el tamaño de la cápsula pero como referencia un cuadrado de 8 cm resulta adecuado para frutos pequeños.

- Cualquier residuo (incluyendo fragmentos externos o internos de la cápsula como pelos) debe removerse cuidadosamente con la ayuda de un par de pinzas.

- Las semillas pueden sembrarse de inmediato o secarse para almacenarlas.

- En el caso de que se vayan a almacenar, las semillas pueden transferirse fácilmente a un tubo u otro recipiente con solo aplicar un gentil golpe al pedazo de papel o de aluminio doblado. Las semillas deben deslizarse con facilidad.

- Todos los datos relevantes deben quedar registrados al momento de la cosecha: fuente, donante, fecha de recolecta, condición de las semillas.

Las cápsulas y las semillas se pueden llenar rápidamente de moho dentro de recipientes herméticos. Si las semillas van a ser almacenadas por un corto tiempo es mejor colocarlas en sobres o recipientes porosos en vez de bolsas o recipientes plásticos.

NB. Las cápsulas inmaduras se pueden madurar en pocas semanas si se corta toda la inflorescencia y coloca el tallo en agua limpia con el cuidado de cortar una pequeña porción de su extremo cada uno o dos días.

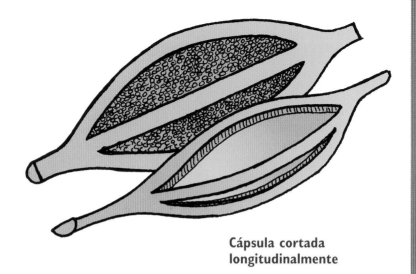

**Cápsula cortada longitudinalmente**

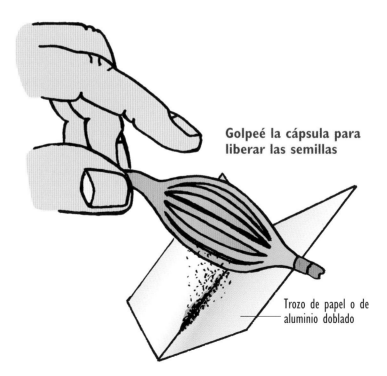

**Golpeé la cápsula para liberar las semillas**

Trozo de papel o de aluminio doblado

# Envío de semillas de orquídea por correo

La pesadilla de toda persona que cultiva semillas de orquídeas es recibir una cápsula humedecida que le ha sido enviada dentro de una bolsa de plástico o del recipiente en que vienen los rollos de película (los frascos de vidrio son más recomendables porque la electricidad estática dentro de un recipiente de plástico causa que las semillas se adhieran a las paredes). Un alto contenido de humedad origina la pérdida de viabilidad y la rápida muerte de las semillas debido a la proliferación de hongos y de bacterias contaminantes. El envío de semillas por correo debe realizarse tan pronto como son cosechadas. Entre más tiempo transcurra las semillas sufrirán mayor deterioro y aumentarán las posibilidades de ser contaminadas por bacterias y esporas de hongos.

La manipulación que sufre un sobre postal en el correo puede dañar su contenido, incluyendo sus preciadas semillas de orquídeas. Por esta razón, resulta esencial que las semillas se empaquen en un sobre o caja confeccionada con un material que las proteja.

No caiga en la tentación de colocar semillas sin secar dentro del refrigerador, aunque sea por un corto periodo, la alta humedad relativa reducirá rápidamente su viabilidad.

Idealmente, las semillas deben de cosecharse maduras y secarse hasta alcanzar un contenido de humedad adecuado para almacenarlas en un tubo sellado de manera hermética.

En el caso de que no tenga a su alcance un tubo, las semillas secas pueden colocarse dentro de un pequeño sobre de papel. Estos sobres pueden confeccionarse con el papel que se utiliza en los filtros de café o con papel vegetal para dibujo. La clave radica en que el papel sea resistente a la humedad y permita el paso del aire. Nunca utilice una bolsa u otro recipiente de plástico.

El sobre debe rotularse con el nombre de la especie o híbrido, la fecha de polinización y la fecha en que cosechó las semillas.

El tubo o el sobre con las semillas debe colocarse dentro del sobre o la caja de material resistente y enviarse a su destinatario tan pronto como sea posible.

Las cápsulas pequeñas, por ejemplo de miembros de grupo pleurothallidinae, presentan un problema particular debido a la pequeña cantidad de semillas que ellas contienen.

Antes de su envío por correo, las semillas pueden colocarse en uno o varios sobres de papel filtro (ver página 54) que permitan la rápida siembra del material a su llegada.

Aunque normalmente preferimos recibir semillas maduras y secas, las cápsulas inmaduras también se pueden enviar por correo.

Las cápsulas inmaduras deben colocarse en un sobre de papel absorbente. Los filtros de café con sus extremos plegados y engrapados resultan ideales.

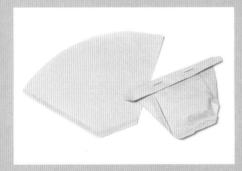

**Los filtros de café son útiles para hacer y enviar sobres con semillas de orquídeas**

# Registro de los datos

Un buen registro de los datos le permitirá conocer lo que usted ha hecho y con el tiempo le ayudará a mejorar sus técnicas. Entre más detallados sean sus registros mejor: los datos puede guardarlos en un diario que usted deberá revisar cada cierto tiempo!

El mantener un registro de las semillas que usted adquiere resulta vital. Esto puede realizarlo en una libreta (debe tener una cubierta resistente y preferiblemente sin resortes), en un sistema de tarjetas o en una computadora.

Si usted es quien realiza un cruce, entonces recuerde anotar tanto el nombre de la planta que recibe el polen como el de la planta de la cual lo obtuvo (por convención se anota primero el nombre de la planta que recibe el polen).

En el caso de las cápsulas verdes, puede ser útil estimar el tiempo probable para su cosecha y revisarlas con mayor frecuencia conforme dicha fecha se aproxima.

Cuando reciba las semillas, usted debe anotar el nombre de la persona que se las donó, la procedencia de las semillas, fecha de cosecha y la condición en que las recibió.

Siempre que le sea posible, evalúe la viabilidad de las semillas así como el porcentaje de germinación alcanzado.

Mantenga un preciso registro de los medios de cultivo que utilice: anote sus concentraciones y los porcentajes de azúcar y de agar evaluados.

## Evaluación de la calidad de las semillas

Las semillas pueden examinarse con la ayuda de una lupa de 10 aumentos o de un microscopio utilizando el lente de menor aumento.

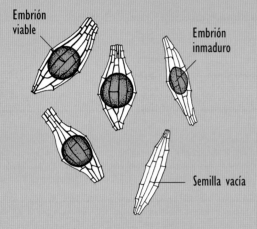

Embrión viable

Embrión inmaduro

Semilla vacía

Algo que puede resultar de mucha utilidad es fijar las semillas que usted intenta sembrar en láminas de vidrio diseñadas para observación en microscopio. Si usted no está seguro de la identidad de la especie, características como el color, la forma y el tamaño de la semilla pueden ayudarle a distinguir los géneros. Además de su utilidad como registro, la observación de la lámina puede indicarle que las semillas no son aptas para la siembra. Cuando usted examina las semillas con un microscopio, es posible que usted observe semillas vacías, semillas con pequeños embriones que pueden o no germinar y semillas con lindos embriones esféricos y engrosados. Las semillas con embriones esféricos son las que tienen mayores posibilidades de germinar en condiciones apropiadas, así que un grupo de semillas de buena calidad es aquel que contiene un alto porcentaje de semillas con embriones engrosados. La viabilidad potencial de las semillas puede evaluarse con colorantes químicos específicos.

## Preparación de una lámina para microscopio

- Llene un vaso grande de laboratorio ("beaker") con agua caliente (80°C, 180°F) y coloque en su interior un vial que contenga jalea de glicerol para que se derrita.

- Coloque una lámina para microscopio en la parte superior del vaso y con la ayuda de una pipeta Pasteur o de un gotero coloque una gota de glicerol sobre ella.

- Coloque una pequeña cantidad de semillas de orquídea sobre la gota de jalea de glicerol y agítela con la ayuda de una aguja.

- Cubra la gota de glicerol con un cubreobjetos (el cubreobjetos puede sellarlo con barniz de uñas transparente para crear una lámina permanente) y observe bajo el microscopio.

Los embriones de las semillas de las orquídeas usualmente pueden observarse sin tinción pero colorantes como el azul Alcian o azul brillante de Coomassie pueden facilitar la observación cuando se agregan a la jalea de glicerol. Estos colorantes fueron utilizados originalmente para teñir granos de polen.

lámina para microscopio

jalea de glicerol con semillas

sello de barniz de uñas

etiqueta

jalea de glicerol

agua caliente

# Almacenamiento de semillas

La mayoría de las semillas de orquídeas pueden permanecer viables por muchos años si se siguen unas reglas sencillas. Los tres principales factores que afectan la longevidad de las semillas son su calidad, su contenido de humedad y la temperatura de almacenamiento. El secado puede incrementar considerablemente la longevidad de las semillas. No caiga en la tentación de guardar sus semillas en la refrigeradora antes de secarlas.

Algunas soluciones saturadas de sales químicas a diferentes temperaturas producen humedades relativas constantes y conocidas. Una solución saturada de cloruro de calcio produce una humedad relativa de 30% a 20°C (68°F); una solución saturada de cloruro de litio produce una humedad relativa de 12% a la misma temperatura. Debido a que las semillas tienden a equilibrar su contenido de humedad con el del ambiente que las rodea, estas soluciones pueden utilizarse para secar las semillas a niveles de humedad conocidos.

Se puede obtener un contenido de humedad adecuado para las semillas si se colocan dentro de un frasco cerrado con una solución saturada de cloruro de calcio o, idealmente, con una solución saturada de cloruro de litio durante 3 o 4 días.

Una solución saturada de cloruro de calcio reduce la humedad de las semillas en 5-6% a 20°C (68°F); una solución saturada de cloruro de litio produce un contenido de humedad en las semillas ligeramente menor (y posiblemente "mejor").

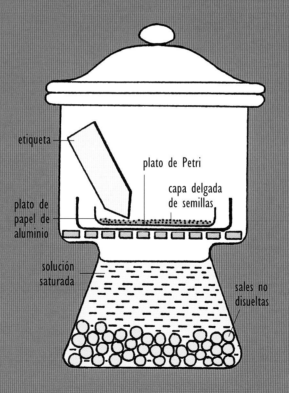

**Secado de semillas sobre una solución salina saturada**

Estamos conscientes que el cloruro de calcio y el cloruro de litio no están disponibles fuera del laboratorio. Un sustituto razonable son los granos de arroz común que han sido secados al horno. Antes de utilizarlo, el arroz debe secarse en un horno a una temperatura cercana a los 105°C (220°F) por 3 horas. Para retener su habilidad de absorber humedad el arroz debe secarse a intervalos regulares, preferiblemente cada vez que usted desea secar un nuevo grupo de semillas.

El uso de la sílica gel ha sido una opción muy popular por mucho tiempo, pero por varias razones su uso no es ideal y no se recomienda cuando se desea almacenar semillas por tiempos prolongados. La sílica gel puede secar excesivamente las semillas y reducir su viabilidad.

Cuando se cosecha una gran cantidad de semillas es recomendable esparcirlas sobre papel de aluminio al cual se le han doblado los bordes para contener las semillas (usted puede hacer diferentes formas de recipientes para contener semillas a partir de papel aluminio).
Coloque las semillas en el desecador y déjelas por 3 o 4 días a temperatura ambiente hasta que las semillas alcancen el contenido de humedad requerido.

Después del secado, las semillas pueden transferirse a recipientes con cierres herméticos como tubos con rosca o tubos con tapas de polipropileno.

Alternativamente, si va a secar varias (pequeñas) muestras de semillas al mismo tiempo, puede colocar las semillas directamente en los viales de vidrio donde van a quedar almacenadas. Asegúrese de no llenar los viales más allá de la mitad para permitir que todas las semillas entren en equilibrio con el desecante. Usted puede dejar los viales sin tapa o colocar un tapón de algodón no absorbente en el cuello del recipiente.

Los tubos pueden entonces sellarse con una tapa hermética y almacenarse.

En el Proyecto del Banco de Semillas del Milenio, los frascos tipo Kilner o Mason han demostrado que poseen los sellos más efectivos después de largos periodos de tiempo. Resulta recomendable reemplazar los sellos de hule natural de este tipo de frasco al menos cada diez años como precaución contra el deterioro y la pérdida de integridad del sello.

Los tubos se pueden almacenar en un frasco alto con tapa hermética.

Dentro de los frascos se puede colocar un indicador de sílica gel que actúe como indicador (no como desecante) para asegurarse que el frasco permanece hermético sin permitir el ingreso de aire.

Alternativamente, las semillas pueden colocarse en sobres de papel si se van a almacenar por un periodo corto.

Reducir la temperatura de almacenamiento generalmente incrementa la longevidad de las semillas pero a temperaturas bajo cero esto es únicamente cierto si las semillas están secas.

Las semillas pueden almacenarse en un refrigerador doméstico a 4-5°C (39-41°F), o en un congelador a - 20°C (- 4°F).

Una de las cosas más importantes es que todos los tubos, paquetes y frascos estén claramente rotulados con el nombre de la planta padre y la planta madre así como la fecha de almacenamiento.

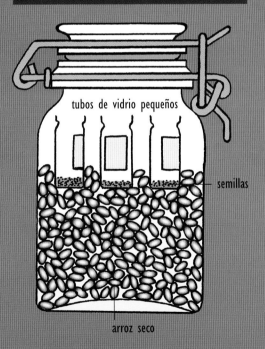

tubos de vidrio pequeños

semillas

arroz seco

**Las semillas pueden secarse en frascos tipo Kilner**

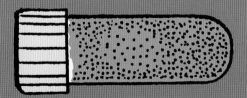

**Semillas secas en un tubo hermético. Observe como quedan pocos espacios vacíos.**

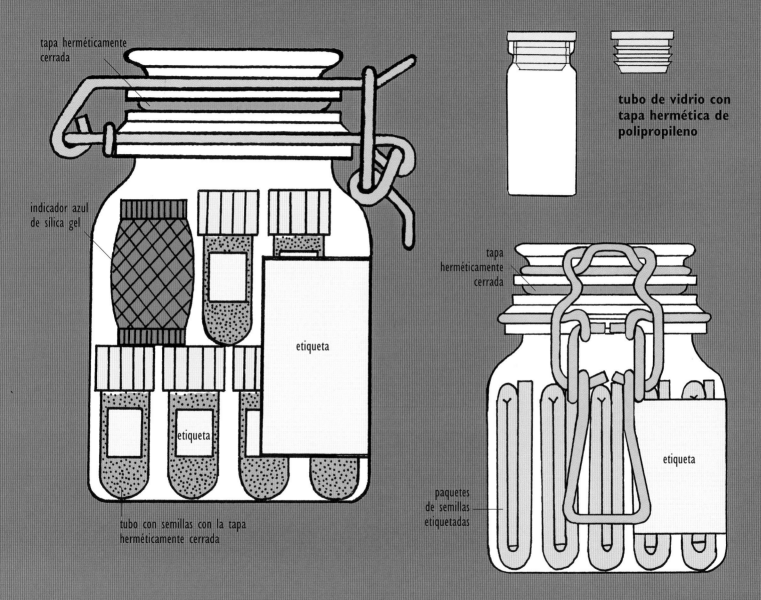

tapa herméticamente cerrada

tubo de vidrio con tapa hermética de polipropileno

indicador azul de sílica gel

etiqueta

etiqueta

tapa herméticamente cerrada

tubo con semillas con la tapa herméticamente cerrada

paquetes de semillas etiquetadas

etiqueta

**Bancos de semillas en frascos herméticamente cerrados**

23

La apertura de un recipiente con semillas inevitablemente conduce a un cambio gradual en su contenido de humedad conforme las semillas equilibran su humedad con la del aire. Esta situación será más evidente si el recipiente se abre repetidamente. En este caso las semillas necesitarán secarse otra vez antes de cerrar nuevamente el recipiente.

Considere almacenar las semillas de una especie o cruce en varios recipientes separados que podrá retirar de forma individual.

Cuando usted retira un recipiente de un ambiente frío la humedad empezará a condensarse en su exterior. Cuando el recipiente se abre la humedad puede también condensarse en las semillas. Para evitar que esto suceda, siempre permita que los recipientes alcancen la temperatura del ambiente antes de abrirlos.

Mientras permanezcan secas, las semillas mantendrán su calidad y permanecerán viables en el refrigerador durante muchos años.

## Almacenamiento del polen

Aunque no sobrevive por tanto tiempo, el polen de las orquídeas puede almacenarse en pequeños tubos de vidrio de la misma forma que las semillas de las orquídeas. El polen de buena calidad (joven y sin contaminación) puede mantener su viabilidad por más tiempo que el polen viejo o contaminado. Los polinios son relativamente fáciles de manipular gracias a que en la mayoría de las especies el polen está agregado en pequeños bultos. Los polinios o las masas de polen pegajoso de las orquídeas tipo zapatilla pueden pegarse en pequeñas piezas de cartulina antes de colocarlos dentro de los recipientes.

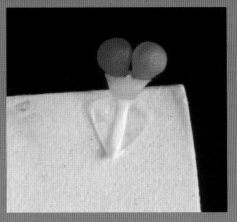

*Polinios de Phalaenopsis adheridos a una cartulina*

**Semillas de orquídeas almacenadas a 4°C en la unidad de micropropagación de los Reales Jardines Botánicos de Kew.**

# MEDIOS DE CULTIVO

# SELECCIÓN DEL MEDIO

**La gran variedad de fórmulas y recetas que se encuentra en la literatura científica puede resultar algo confuso pero la mayoría de las especies de orquídeas tropicales y muchas de zonas templadas pueden germinar y crecer exitosamente en medios relativamente simples (ver Apéndice 2: notas acerca de los medios con recomendaciones para escoger el medio)**

Aunque son mucho más caros que los medios que se producen a partir de los componentes químicos individuales, los medios de cultivo comerciales tienen la ventaja de ser productos estándar relativamente fáciles de preparar. Por esta razón son los medios más recomendables para los principiantes. Por ejemplo, la mayoría de las semillas de las orquídeas germinan satisfactoriamente en un medio de Murashige y Skoog (comúnmente llamado MS), el cual de ser necesario puede diluirse a la mitad o a una cuarta parte de su concentración.

Los medios para cultivar orquídeas son como los fertilizantes (de hecho algunos fertilizantes se han usado con éxito para cultivar semillas de orquídeas) pues ambos son mezclas de elementos minerales. Los medios para orquídeas contienen también una fuente de carbono (usualmente sacarosa) que actúa como una fuente de energía para las plántulas hasta que ellas produzcan clorofila y sean independientes. Los medios también pueden contener aditivos como vitaminas y reguladores del crecimiento.

Es usual agregar un agente gelificante al medio, normalmente agar (ver Apéndice 2 para información acerca de los diferentes tipos de agar) o 'Gelrite'. El almidón se ha utilizado también con éxito en otros países produciendo un característico medio de color blanco. Las semillas pueden germinarse en una delgada capa de medio líquido colocándolas primero sobre un soporte sólido como un puente de papel filtro, perlita o vermiculita. Sin embargo, cualquier contaminación que ocurra se extenderá rápidamente y el resultado final será una sopa de microbios.

Algunos cultivadores consideran que aditivos complejos como los jugos de banano, piña o la peptona pueden beneficiar el crecimiento. Estas sustancias muy posiblemente benefician el crecimiento de las plántulas pero pueden inhibir la germinación de las semillas. El principal problema con estos productos naturales es la falta de consistencia en sus efectos. No hay dos bananos idénticos.

El carbón activado es un aditivo útil cuando las plantas van a permanecer en cultivo por un tiempo prolongado ya que es capaz de absorber las sustancias químicas potencialmente perjudiciales que producen las plántulas. También puede promover la formación de raíces (algunos de sus efectos son atribuibles a la exclusión de la luz). Una desventaja de incluir carbón en el medio es que puede secuestrar algunos de los componentes del medio, reduciendo su disponibilidad para la germinación de las semillas y el crecimiento de las plántulas.

La calidad de los componentes del medio es importante. El agua del tubo no es adecuada porque usualmente contiene altos niveles de sales disueltas. El agua destilada o el agua des-ionizada son más recomendables. El agua de lluvia puede ser una buena alternativa dependiendo de la forma en que se recolecte (por ejemplo el agua que se recolecta del techo de una casa puede contener altos niveles de sales disueltas dependiendo de la naturaleza del material, mientras que el agua recolectada del techo de un invernadero puede ser suficientemente pura). Los componentes químicos deben ser de grado analítico y el agar debe estar formulado para cultivo de tejidos vegetales. La sacarosa o azúcar común resulta perfectamente adecuada para el medio.

## TENGA CUIDADO

**Siga las recomendaciones del fabricante y proteja siempre sus manos y su cara cuando esté pesando y midiendo los componentes en polvo del medio.**

## Equipo

Usted necesitará muy pocos aparatos especializados para comenzar a sembrar semillas de orquídeas en su casa. La mayoría de las cosas están disponibles en la cocina, aunque no recomendamos que utilice después los mismos recipientes para guardar alimentos.

En el caso de que usted quiera preparar sus propios medios de cultivo entonces requerirá una balanza de al menos un decimal de precisión para poder pesar los productos químicos que necesitará. En el caso de la preparación de medios comerciales será suficiente con una balanza de cocina para pesar los componentes adicionales que el medio requiere.

El pH puede afectar la disponibilidad de los nutrientes en el medio; por lo tanto es importante ajustar el pH del medio durante su preparación. Usted puede utilizar papeles para medir pH o un potenciómetro para determinar el pH. Los papeles para medir pH tienen la ventaja de que son baratos y por lo general suficientemente confiables para medir el pH del medio. Usted también puede decidirse por comprar un potenciómetro. Estos aparatos son mucho más precisos que un indicador de papel y son muy fáciles de utilizar. Sin embargo, tenga presente que necesitan calibrarse con regularidad con las sustancias amortiguadoras recomendadas.

Aunque en la siguiente sección nos referimos al uso de un autoclave, en realidad un autoclave es simplemente una olla de presión. Una olla de presión doméstica es más que adecuada para esterilizar las pequeñas cantidades de medio que un aficionado puede requerir.

El pH puede medirse utilizando indicadores de pH de papel o un potenciómetro. El pH del medio se ajusta agregando unas gotas de un ácido o de una base diluida.

Balanza digital

Autoclave

# Preparación del medio

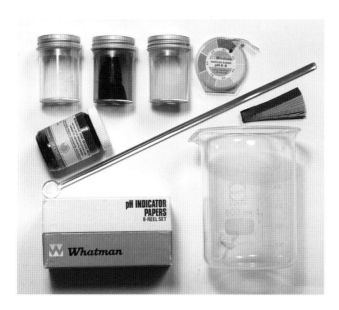

Es muy importante seguir la secuencia de pasos que a continuación se describe (ver también el diagrama de flujo). No hay que permitir que el medio se contamine con ningún producto químico que pueda estar presente, aún en cantidades muy pequeñas, en lugares como el plato de la balanza o en un electrodo. En general las sustancias que se utilizan para preparar los medios de cultivo no son peligrosas: la salud y la seguridad deben mantenerse siempre como una prioridad.

## Usted necesitará

- medio de cultivo en polvo
- agar
- sacarosa (excepto que ya esté incluida en el medio de cultivo en polvo)
- carbón (si se requiere)
- agua destilada
- un frasco de laboratorio grande u otro recipiente similar
- una vara para agitar
- papeles para medir pH o un potenciómetro
- una olla de presión o un autoclave
- algunos recipientes grandes o varios de menor tamaño para el medio de cultivo
- papel aluminio

## TENGA CUIDADO

- Trabaje en un área con buena ventilación
- Cuando vaya a preparar un medio comercial siga siempre las instrucciones del paquete
- Evite inhalar el polvo que se puede desprender del medio de cultivo, del carbón o de cualquier otro producto químico. Utilice siempre una mascarilla y guantes quirúrgicos cuando pese los componentes del medio de cultivo.
- No toque su cara o sus labios cuando esté manipulando sustancias químicas

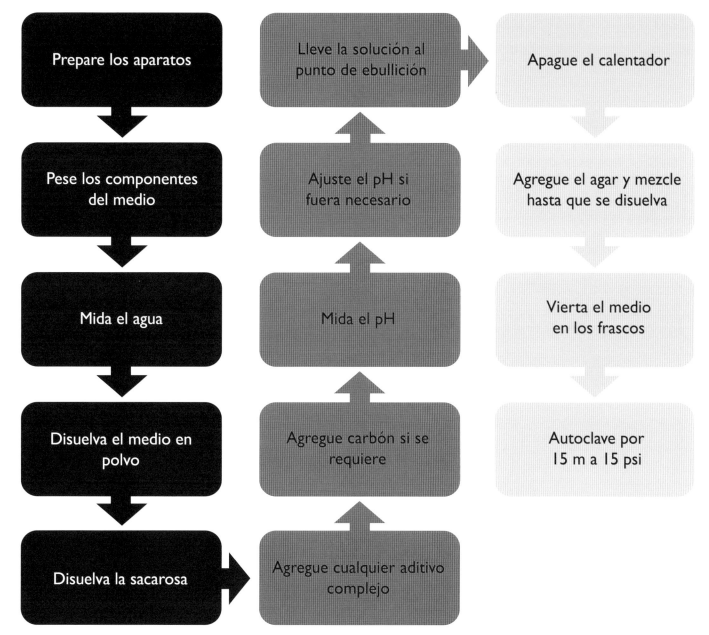

Prepare los aparatos

Pese los componentes del medio

Mida el agua

Disuelva el medio en polvo

Disuelva la sacarosa

Agregue cualquier aditivo complejo

Agregue carbón si se requiere

Mida el pH

Ajuste el pH si fuera necesario

Lleve la solución al punto de ebullición

Apague el calentador

Agregue el agar y mezcle hasta que se disuelva

Vierta el medio en los frascos

Autoclave por 15 m a 15 psi

**Continúa**

# Preparación del medio continuación

## Pese los componentes

• Pese los componentes individuales del medio con exactitud.

• Mida el volumen correcto del agua en un frasco grande de laboratorio. El líquido no debe llenar más de la mitad del recipiente.

## Disuelva las sustancias químicas

• Agregue el medio en polvo (o las sales individuales si desea preparar sus propios medios) y mezcle constantemente hasta que se disuelvan por completo.

• Si las sales minerales no se disuelven completamente entonces caliente un poco el agua y continúe agitando el medio hasta que no quede ningún residuo.

• Una vez que las sales se hayan disuelto agregue la sacarosa (recomendamos empezar con 8 g/l) y agite hasta que se disuelva.

• Agregue cualquier aditivo complejo que desee utilizar como banano, agua de coco, vitaminas o reguladores del crecimiento. El licuado de banano (preparado en una licuadora doméstica) puede agregarse a una concentración de 50 g/l.

• El carbón puede agregarse al final y debe agitarse el medio por 10 minutos o más para que se disperse de forma apropiada.

## Ajuste el pH

• Mida el pH utilizando papel indicador o un potenciómetro. Un pH con un valor de 7 es neutro. Los valores progresivamente inferiores indican un incremento en la acidez. Los valores progresivamente mayores indican un incremento en la alcalinidad.

• El pH comúnmente se ajusta a valores entre 5.6 y 5.8. Este es el pH en el cual el agar responde mejor. La escala del pH es logarítmica: un pequeño cambio en un valor numérico significa un gran cambio en la acidez o en la alcalinidad.

• Si requiere bajar el pH utilice un ácido débil como el ácido clorhídrico diluido (0.1 M) o ácido acético (vinagre). El ácido debe agregarse gradualmente, una gota a la vez, dado que los cambios en el pH pueden ocurrir rápidamente. La agitación constante es muy importante en esta etapa para garantizar que todo se mezcle y evitar falsas lecturas.

• Si necesita incrementar el pH utilice un álcali suave como una solución de hidróxido de sodio (0.1 M) o bicarbonato de sodio (carbonato de sodio hidrogenado). Al igual que con el ácido, el álcali debe agregarse gradualmente, una gota a la vez, manteniendo una agitación constante.

## Caliente el medio y disuelva el agar

• La solución debe llevarse gradualmente al punto de ebullición, apagar la fuente de calor y agregar el agar (nosotros utilizamos entre 8 y 20 g/l, dependiendo de la dureza que se requiera y del tipo de planta) agitando el medio constantemente. El agar no debe agregarse cuando el medio esté en ebullición porque puede formar espuma y derramarse.

Alternativamente se puede utilizar un horno de microondas:

• Agregue el agar a la solución y agite bien.

• Cubra el recipiente con plástico para microondas (tipo "clingfilm") y perfórelo para evitar la formación de vapor.

Cuando vaya a retirar el plástico para microondas asegúrese de hacerlo lejos de usted. El vapor puede liberarse y quemarlo.

• Caliente en alta potencia por la mitad del tiempo recomendado, agite, cubra de nuevo y caliente por el tiempo que resta. Los tiempos de calentamiento varían de acuerdo con la potencia del microondas (por ejemplo un horno de microondas de 800 W tarda 8 minutos por cada litro).

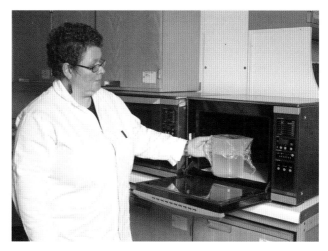

**Disolviendo el agar en un horno de microondas**

## Vierta el medio

• Cuando el agar está completamente disuelto, puede proceder a verter el medio en botellas tipo Duran con tapa de rosca (por ejemplo botellas como las que se ilustran en las páginas siguientes) para proceder a esterilizarlas. Alternativamente usted puede verter el medio en los frascos donde sembrará las semillas y proceder a esterilizarlos directamente.

**Continúa**

## Preparación del medio continuación

- Cubra la parte superior de los frascos con papel aluminio o con un tapón de algodón no absorbente cubierto con aluminio. El uso de cinta indicadora (la cual tiene barras que se tornan negras cuando alcanzan la temperatura de esterilización en el autoclave) resulta muy conveniente para determinar que el medio fue debidamente esterilizado.

**Frascos sellados con algodón, aluminio y cinta indicadora**

### Esterilice el medio

- Si usted decide esterilizar todo el medio en botellas grandes, asegúrese de no llenar las botellas con más de tres cuartas partes de su capacidad.

- Es importante asegurarse que las tapas de las botellas no se cierren de forma hermética porque pueden explotar dentro de la olla de presión durante el proceso de esterilización.

- Las botellas con el medio pueden esterilizarse en una olla de presión o autoclave (15 psi por 15 minutos). Volúmenes mayores requieren más tiempo que pequeñas cantidades. Por ejemplo, un litro de medio debe permanecer 20 minutos en el autoclave a 15 psi para garantizar su esterilización.

- Permita que la olla de presión o el autoclave se enfríe lentamente antes de proceder a abrirlo.

- Tenga cuidado cuando retira los frascos del autoclave porque pueden estar calientes y quemar su piel. Utilice guantes gruesos. Tenga especial cuidado al manipular frascos de tamaño grande.

## CONSEJO

**Si usted va a requerir agua estéril, es una buena idea que incluya algunas botellas con agua mientras esteriliza el medio**

# Recipientes

La escogencia de los recipientes en los cuales va a cultivar sus plántulas depende de lo que tenga a su alcance, su costo y su preferencia personal. Existen muchos tipos de recipientes desechables pero los frascos de vidrio tienen la ventaja de que se pueden lavar y reutilizar. Lo ideal es utilizar frascos de vidrio tipo boro-silicato, ya que los frascos de vidrio corriente pueden afectar la composición del medio cuando se utilizan repetidamente.

Los platos de Petri estériles se utilizan comúnmente para la siembra de semillas, principalmente cuando se puede trabajar en una cámara de flujo laminar. Son fáciles de utilizar y requieren muy poco medio. Sin embargo, hay que sellarlos para evitar la rápida deshidratación del medio. Su principal desventaja es que una vez que las semillas germinan se deben transplantar en poco tiempo a recipientes de mayor tamaño (aunque esto no es necesariamente una desventaja porque las plántulas tendrán más espacio y crecerán más rápido).

Los frascos tipo Erlenmeyer (cónicos) fueron muy populares entre las primeras personas que trabajaron con estas técnicas de cultivo. La desventaja de estos frascos es que resulta comparativamente más difícil trabajar con ellos que con otros frascos debido a que su abertura o cuello es muy angosto. La ventaja es que al ser angostos se reduce el riesgo de contaminación. Por esta misma razón, muchas personas prefieren utilizar botellas de licor o de leche. Sus desventajas son que el transplante de plántulas a un medio fresco no es sencillo y que para extraer las plantas para su siembra en macetas generalmente hay que quebrar el recipiente. Esto puede evitarse en alguna medida sembrando las semillas con poca densidad para reducir la necesidad de transplante.

Existe debate acerca de la conveniencia de utilizar tapas o cierres que permitan un mayor intercambio gaseoso. Hay alguna evidencia que sugiere que las plántulas crecen más rápido en frascos cerrados dado que el nivel de dióxido de carbono se incrementa gradualmente y el de oxígeno disminuye. También es cierto que la producción de algunos gases como el etileno puede alcanzar concentraciones que afectan los cultivos. No hay duda que las plántulas que permanecen periodos muy largos dentro de frascos cerrados se tornan amarillas y llegan a morir.

Ciertamente no es necesario utilizar tapas o cierres que permitan un mayor intercambio gaseoso para la germinación de las semillas, pero si se pueden utilizar cuando las plántulas alcanzan un mayor grado de desarrollo.

Por su fácil uso, nosotros recomendamos los frascos de cuello ancho. En particular, nos gusta usar frascos tipo mermelada de medio litro con tapas translúcidas, con o sin un dispositivo que permita aumentar el intercambio gaseoso. Para reducir el riesgo de contaminación usted puede sellar las orillas de las tapas con plástico para microondas (tipo "clingfilm") o con "parafilm".

**Tipos de frascos**

## Cierres

Existen muchas alternativas para cerrar los frascos, desde cierres de papel aluminio, tapones de hule y tapas de rosca hasta plásticos para microondas (la superficie interna del plástico para microondas es estéril mientras no se desenrolle).

Si usted lo desea hay muchas alternativas para permitir la ventilación de los frascos:

- Perfore un orificio de 3-4 mm de diámetro en el cierre o tapa e inserte una porción de algodón no absorbente.

- Puede sustituir el algodón por un pedazo de cinta tipo microporo. Este tipo de cinta es particularmente efectiva cuando se utilizan platos de Petri.

- Si está utilizando un tapón de hule, perfore un orificio en el centro e inserte un tubo de vidrio, luego coloque una pequeña porción de algodón no absorbente en cada extremo del tubo.

## Almacenamiento del medio

Cuando compre o reciba el medio a través del correo:

- Anote en el empaque la fecha en que lo adquirió. Como se indica en los empaques, estos medios pueden almacenarse por un tiempo limitado.

- Los componentes secos del medio deben almacenarse en un lugar fresco y seco.

- Las disoluciones pueden almacenarse en el refrigerador.

Hacer las disoluciones consume tiempo y puede resultar tedioso. Por eso usted puede hacer un poco más del medio que va a necesitar y almacenar el resto o descartarlo después que ha obtenido la cantidad de recipientes que requiere.

- Una vez que se enfría, usted puede guardar por muchos meses el sobrante de medio en el refrigerador.

**Refundiendo agar en el microondas**

## Refundiendo el medio

Usted puede refundir el medio de nuevo pero solamente una vez, en el autoclave o utilizando el microondas (calentar el medio varias veces puede tener efectos adversos en algunos de sus componentes y en la estructura del agar).

- Abra ligeramente el cierre del recipiente para prevenir que el medio en ebullición se derrame.

- Caliente el medio en el microondas. Agítelo bien y vuelva a calentarlo (el tiempo total de calentamiento es de 3-4 minutos dependiendo de la potencia del microondas).

- No caliente en el microondas ningún recipiente que tenga cierres de papel aluminio.

Cuando utilice el microondas para recalentar el medio recuerde colocar un tapón de algodón no absorbente en el cuello del frasco. Recuerde remover el papel aluminio con el que cubrió el tapón durante la esterilización del medio en el autoclave.

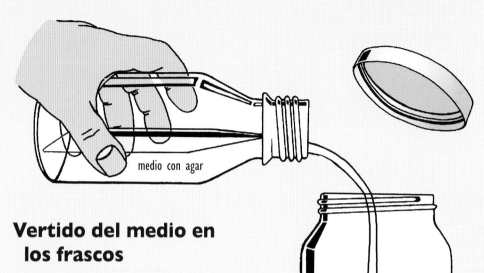

medio con agar

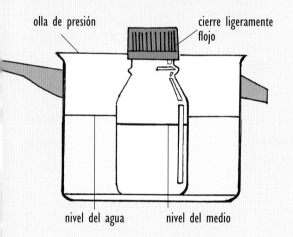

olla de presión — cierre ligeramente flojo

nivel del agua — nivel del medio

## Vertido del medio en los frascos

Usted puede esterilizar el medio en un frasco grande o directamente en los recipientes donde sembrará las semillas (en cuyo caso las siguientes instrucciones no se aplican). Al esterilizar el medio en un frasco grande se evitan los problemas de condensación que ocurren en frascos pequeños, los cuales se asocian a veces con problemas de contaminación.

La distribución del medio en los recipientes más pequeños se puede realizar en una cámara de flujo laminar o dentro de un gabinete estéril diseñado para tal fin.

Durante la esterilización la parte superior de los recipientes pequeños se debe cubrir con papel aluminio.

- Esterilice los frascos vacíos en una olla de presión a 15 psi por 15 minutos.

- Deje que los frascos se enfríen y colóquelos en el área de trabajo.

- Permita que la temperatura del medio baje lo suficientemente como para que usted pueda tomar el frasco con sus manos. Puede enfriar el medio hasta 50 °C colocando el frasco en un baño de agua fría. Esto reducirá bastante los problemas de condensación dentro de los frascos.

- Permita que el medio se endurezca y después ajuste los cierres con fuerza.

- No mueva los frascos durante su enfriamiento porque puede interferir con el proceso de endurecimiento del medio. Sin embargo, si el medio contiene carbón es recomendable que agite los frascos en las etapas iniciales del enfriamiento para que este componente se disperse bien por todo el medio.

- Si hay alguna contaminación lo notará a los pocos días. Por esta razón es aconsejable esperar de cuatro a siete días antes de utilizar los frascos.

## Vertido del medio en platos de Petri

Los platos de Petri son muy recomendables para germinar las semillas, principalmente si usted puede trabajar en una cámara de flujo laminar.

- Funda el medio calentándolo en un autoclave o en un horno de microondas (ver página 33). Deje enfriar un poco el medio antes de proceder a verterlo para reducir la condensación en los platos. El frasco grande puede estar muy caliente por lo que es mejor que utilice guantes protectores o papel toalla para sostenerlo cuando vierta el medio en los platos.

- Acomode los platos de Petri en filas desde el fondo de la cámara (el área más limpia).

- Trabaje del fondo hacia el frente y de izquierda a derecha de la cámara, levante la tapa del plato como se muestra en la imagen, vierta el medio en el plato (hasta cerca de dos tercios de su capacidad), deje enfriar y coloque de nuevo la tapa. Esto reduce la condensación y la posibilidad de contaminación.

- Si va a utilizar inmediatamente los platos puede apilarlos dentro de la cámara. Si no, cúbralos con plástico para microondas (tipo "clingfilm") y colóquelos dentro de una bolsa plástica para almacenarlos. Los platos deben utilizarse dentro de las 2 semanas siguientes.

Una vez que la germinación ha ocurrido los protocormos deben transferirse a los frascos.

**Vertido del medio en platos de Petri**

**Sellado de los platos de Petri**

# PREPARATIVOS PARA LA SIEMBRA DE LAS SEMILLAS

# PREPARACIÓN DE UN ÁREA LIMPIA

**Durante el proceso de siembra de las semillas, el objetivo es prevenir que los frascos se infecten con microorganismos como esporas de bacterias, hongos o algas que están en el aire que respiramos. Quizás el más conocido de estos potenciales contaminantes es el hongo *Penicillium*, la fuente del antibiótico penicilina. Cuando sus esporas germinan producen colonias características de color verde azulado.**

La salud y la seguridad deben mantenerse presentes en todo momento.

Tengo mucho cuidado con sustancias como los blanqueadores. El contacto frecuente con la piel puede ocasionar sensibilidad y dermatitis.

Vista una gabacha de laboratorio abotonada u otra prenda similar de algodón. Los blanqueadores decolorarán su ropa. Las prendas de lana deben evitarse porque sus delgadas fibras flotan en el aire y pueden causar contaminación.

Algunas personas utilizan guantes quirúrgicos durante el proceso de siembra de las semillas pero nosotros no lo recomendamos porque inadvertidamente podrían arder causando serios daños a la piel. Es más fácil y conveniente limpiarse bien las manos.

Tenga cuidado de no quemarse. Los instrumentos se ponen muy calientes después de flamearlos repetidamente.

Utilice guantes o protectores cuando manipule frascos calientes.

No utilice sandalias o zapatos abiertos porque un líquido caliente puede derramarse en sus pies.

Si usted tiene el pelo largo, recójalo hacia atrás o cúbralo con un gorro.

Recuerde: la atención a la limpieza es mucho más importante que contar con un laboratorio y equipo especializado. Los procedimientos descritos son esencialmente los que se utilizan en un laboratorio de microbiología. La organización es la clave del éxito en cualquier procedimiento práctico.

Toda la cristalería debe mantenerse escrupulosamente limpia, lavándola con detergente y agua caliente, enjuagándola dos veces con agua destilada y dejándola secar.

Siempre lave muy bien sus manos y brazos antes de proceder a la siembra de las semillas.

Limpie la mesa con una solución al 10% de "Domestos" u otro desinfectante similar. Cuando manipule un desinfectante utilice siempre guantes de caucho para evitar la aparición de alergias.

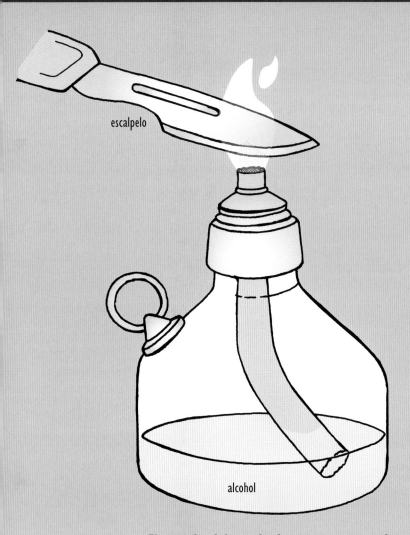

escalpelo

alcohol

**Flameado del escalpelo con un quemador de alcohol**

- No se incline sobre el material vegetal o sobre los recipientes con los que va a trabajar.

- Mantenga sus manos siempre dentro del ambiente estéril en el cual va a trabajar. Evite pasar sus manos o mangas sobre el material estéril o colocarlos en una posición que obstruya el flujo del aire.

- Realice todos sus movimientos de una manera suave para evitar la formación de turbulencias de aire.

- No hable mientras siembra las semillas pues puede crear corrientes y turbulencias de aire. No tosa!

- Mantenga los instrumentos estériles calentándolos regularmente en la flama o colocándolos en una solución de cloro.

- Ante todo, tenga preparado con antelación lo que va a necesitar y arregle su área de trabajo de forma que todo esté a su alcance en la secuencia lógica.

## Eliminación segura de materiales

Las hojas de los escalpelos deben tratarse con mucho cuidado porque son extremadamente filosas y potencialmente peligrosas.

- Si no tiene un recipiente especialmente diseñado para descartar las hojas entonces envuélvalas de manera segura antes de eliminarlas en un recipiente adecuado. Así evitará que usted u otra persona se puedan cortar.

Los frascos contaminados representan un potencial peligro para la salud. Los medios de cultivo proveen condiciones ideales para la germinación de las semillas pero también para una gran cantidad de microorganismos potencialmente peligrosos.

- Nunca abra un frasco que está contaminado por hongos.

Esterilice todos los frascos contaminados en un olla de presión o en un autoclave por al menos 15 minutos a 15 psi.

## Trabajando en una cámara de flujo laminar o en un gabinete estéril

Los cultivadores profesionales utilizan cámaras de flujo laminar, que aunque útiles, no son necesarias para un aficionado que solo tiene interés en cultivar ocasionalmente algunas semillas. Muchos cultivadores aficionados utilizan gabinetes sencillos. El gabinete que se describe en el Apéndice 3 (construcción de un gabinete sencillo) es perfectamente adecuado en el tanto que impida el paso de corrientes de aire y se trabaje con suficiente cuidado. Muchas de las precauciones descritas antes para evitar la contaminación se aplican igualmente para quienes trabajan en una cámara de flujo laminar o en otro ambiente estéril.

En las cámaras de flujo laminar un flujo continuo de aire pasa horizontalmente por la superficie de trabajo (usualmente de acero inoxidable) después de atravesar un filtro HEPA. La cámara tiene los costados y la parte superior cubiertos. El aire en el interior se mantiene con una presión positiva con respeto al aire circundante, de forma tal que la posibilidad de que un microorganismo ingrese es mínima. Las principales fuentes de contaminación potencial son los instrumentos y los frascos que usted introduce en la cámara y el más importante de todos – usted! Todo lo que ingresa a la cámara debe estar estéril o esterilizado, las manos y las uñas se deben lavar y cepillar con un jabón antibacteriano.

La parte más limpia de la cámara de flujo laminar es la superficie donde está ubicado el filtro debido a que el aire se reemplaza constantemente, por eso es muy importante no bloquearla. Además, cualquier espora de hongo o de bacteria flotará hacia usted llevada por el flujo de aire. Por lo tanto, no coloque sus manos u objetos sobre o detrás de cualquier cosa estéril (por ejemplo un plato con medio de cultivo). Trate de prevenir las turbulencias de aire (las cuales pueden causar contaminación) realizando solo movimientos suaves.

Rocíe el interior de la cámara con alcohol de 70-90% antes de utilizarla y limpie los costados, la parte superior y la superficie de trabajo con una toalla. Encienda el motor de la cámara y deje que el aire corra por 20 minutos.

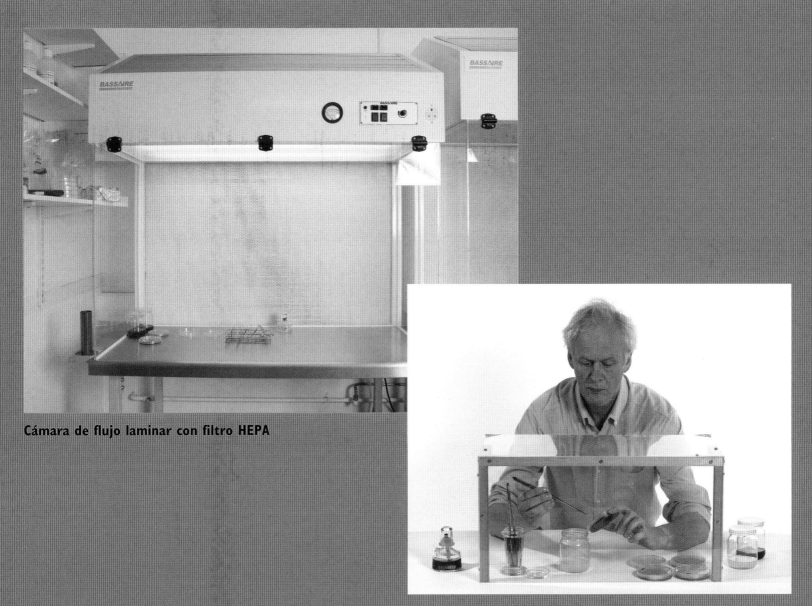

Cámara de flujo laminar con filtro HEPA

Uso de un gabinete casero para transferir material estéril

Los instrumentos (pinzas largas, escalpelo, tijeras y un soporte para ellos) deben esterilizarse antes de utilizarlos, preferiblemente en el autoclave envueltos en papel aluminio. Cuando se están utilizando, puede mantenerlos estériles sumergiéndolos en un recipiente con alcohol puro y pasándolos luego por la parte más caliente de una llama.

Cuando esté flameando los instrumentos, es muy importante que permita que se enfríen antes de utilizarlos para no dañar su material vegetal. Colóquelos sobre una canastilla de alambre (para tubos de ensayo o similar). Mantener un juego extra de instrumentos puede resultar de mucha utilidad porque puede utilizar uno mientras el otro se enfría.

Usted necesitará una superficie estéril para realizar cortes. Nosotros utilizamos platos de Petri desechables, pero también se puede utilizar una pieza de cerámica o algunas piezas de papel toalla grueso y esterilizado.

**Recipiente con alcohol colocado fuera de la cámara**

# USO SEGURO DEL ALCOHOL

El alcohol debe mantenerse fuera de la cámara, lejos de la llama. Si esto no es posible entonces colóquelo detrás de la llama. Es muy recomendable colocar el alcohol en un recipiente de base firme y ancha que resulte difícil de volcarlo.

No entre en pánico si el alcohol se enciende accidentalmente! Cierre el recipiente para cortar el suministro de oxígeno y extinguir la llama.

# SIEMBRA Y GERMINACIÓN DE LAS SEMILLAS

# ESCOJA SUS OPCIONES

A menos que usted tenga una buena razón para no hacerlo, nosotros siempre recomendamos la siembra de semillas maduras y guardar un grupo de ellas para futuras siembras. Existen muchas maneras de sembrar semillas maduras e inmaduras.

Nosotros le presentamos aquí únicamente algunas de las opciones, con el tiempo usted podrá desarrollar sus propias técnicas.

**PROCEDIMIENTO PARA LA SIEMBRA DE SEMILLAS**

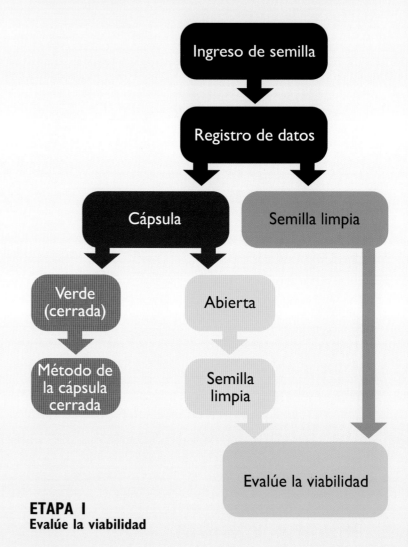

**ETAPA I**
Evalúe la viabilidad

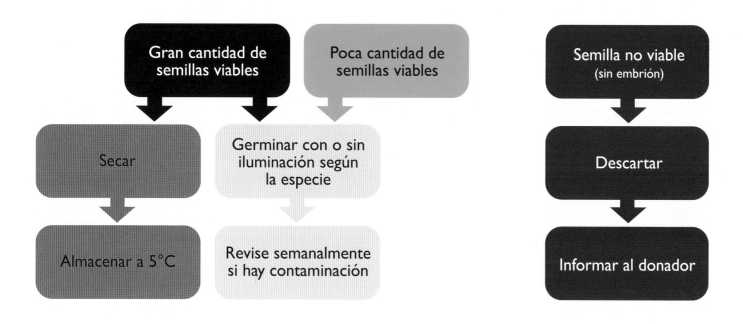

**ETAPA 2**
Siembre y almacene las semillas

# Siembra de semillas: método de la cápsula verde

**Las semillas adquieren la habilidad para germinar gradualmente en la medida en que crecen y maduran dentro de la cápsula. El punto cuando esto ocurre puede ser diferente para cada especie y depende en alguna medida de las condiciones ambientales bajo las cuales la cápsula madura. En el Apéndice I se brindan ejemplos de los tiempos apropiados para la siembra de embriones inmaduros (tiempos de cosecha de cápsulas verdes). En los géneros de las orquídeas se presentan grandes diferencias en los tiempos de maduración de sus frutos y también entre las especies de un mismo género.**

Son muchas las ventajas de sembrar semillas inmaduras: no es necesario emplear técnicas para desinfectar la superficie de las semillas, no hay que esperar hasta que la cápsula madure, se reduce el consumo de recursos energéticos en la planta madre, se pueden obtener plántulas más pronto, hay una reducción en el tiempo necesario para obtener plantas en flor a partir de semillas y se pueden obtener plantas a partir de cruces complejos cuyas semillas podrían ser abortadas si se dejan madurar en la cápsula.

La siembra de semillas inmaduras es también útil para superar problemas de dormancia, particularmente en especies terrestres de zonas templadas.

Existen también algunas desventajas. Aunque ocasionalmente usted encontrará que una cápsula cerrada contiene semillas maduras que parecen aptas para almacenarse, la realidad es que las semillas inmaduras no se pueden almacenar por largo tiempo. Es posible que usted no pueda repetir la siembra si pierde las plántulas por contaminación o si después requiere más plántulas. Otras desventajas del cultivo de cápsulas verdes incluyen la dificultad para juzgar el grado de madurez de la cápsula y la posibilidad de transferir virus del tejido materno a las plántulas.

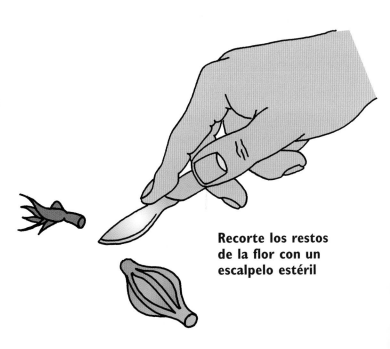

**Recorte los restos de la flor con un escalpelo estéril**

## Usted necesitará

- frascos con medio de cultivo esterilizado
- frasco con alcohol etílico
- quemador para alcohol
- fósforos
- papel toalla para limpiar líquidos derramados
- pinzas
- escalpelo
- cepillo suave
- solución de jabón
- un solución de cloro diluido (por ejemplo 10% de "Domestos")
- espátula u otro instrumento similar
- plástico para microondas
- recipiente con agua
- etiquetas y marcador permanente

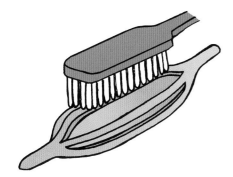

**Puede utilizar un cepillo de dientes de cerdas suaves para limpiar la superficie de la cápsula**

- Rotule los frascos con el medio.

- Coloque los frascos dentro de la cámara o gabinete y afloje los cierres.

- Tome la cápsula y con la ayuda de un escalpelo corte con cuidado cualquier remanente de la flor.

- Limpie la superficie de la cápsula con la ayuda de un cepillo suave (uno para dientes es ideal) y una solución jabonosa.

- Enjuague la cápsula en agua esterilizada.

- Sumerja la cápsula en una solución que contenga 1% de cloro durante 10 minutos.

- Remueva la cápsula de la solución de cloro con la ayuda de unas pinzas largas. Limpie la cápsula con un trozo de algodón con alcohol o si es pequeña sumérjala por poco tiempo en alcohol puro.

- Pase la cápsula a través de la llama del quemador y apáguela rápidamente con unas sacudidas. Evite cocinar las semillas! Repita tres veces.

- Coloque la cápsula en una superficie estéril y cuando se enfríe realice unos cortes longitudinales con el escalpelo hasta obtener dos o tres piezas.

**Continuación**

# Siembra de semillas: método de la cápsula verde

- Use una hoja de escalpelo nueva en cada cápsula para evitar la transferencia de virus.

- Abra el frasco y sostenga una porción de la cápsula sobre el medio.

- Si la semilla está madura esta caerá sobre el medio con solo un ligero golpe. Si la semilla está inmadura será necesario raspar la cápsula con una espátula estéril u otro instrumento similar para que las semillas caigan sobre el medio.

- Disperse las semillas de manera uniforme sobre la superficie del medio para formar una capa delgada.

- Para facilitar la dispersión de las semillas puede agregar unas gotas de agua estéril sobre el medio y mover suavemente el frasco.

- Asegure los cierres de los frascos y séllelos con papel plástico transparente para laboratorio o para microondas.

## Advertencia

Aunque no anticipamos que ocurran problemas con el uso de líquidos metilados en un quemador, los líquidos metilados son diferentes que el alcohol (alcohol etílico o etanol) y son más tóxicos porque contienen metanol. Debe tener cuidado para evitar el contacto de la piel con líquidos metilados y la inhalación de su vapor.

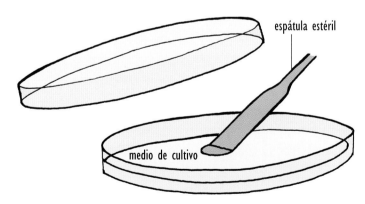

espátula estéril

medio de cultivo

**Puede utilizar una espátula estéril para dispersar las semillas sobre la superficie del medio de cultivo**

**Selle los frascos con plástico transparente para microondas**

# Desinfección de las semillas

**Los siguientes métodos son para la siembra de semillas maduras. Si la cápsula permanece cerrada no será necesario desinfectar las semillas pero si está abierta existen varias alternativas de desinfección. Idealmente, el tiempo de contacto de las semillas con la solución desinfectante debe ser lo menor posible porque el contacto prolongado puede llegar a dañarlas.**

**Nosotros sugerimos que pruebe con un tiempo de desinfección inicial de 5 a 10 minutos.**

El objetivo de la esterilización es matar cualquier bacteria o espora de hongo que esté adherida a la cubierta (testa) de la semilla pero evitando que el embrión resulte dañado por este proceso. El tiempo de esterilización debe representar un balance para que sea suficientemente prolongado y mate cualquier microorganismo pero no tanto como para dañar las semillas. Una sustancia esterilizante efectiva está compuesta por un desinfectante combinado con un agente humectante. Debido a que la testa es hidrofóbica (repele el agua) se requiere un agente humectante que reduzca la tensión superficial y asegure un buen contacto entre el desinfectante y la cubierta de la semilla. Es vital que todas las trazas de la sustancia esterilizante se remuevan con agua estéril tan pronto como el proceso de esterilización finalice.

Todas las técnicas descritas utilizan el cloro como desinfectante. La opción más sencilla es utilizar una solución de blanqueador comercial como fuente de hipoclorito de sodio ($NaOCl$). El "Domestos" es un blanqueador popular en el Reino Unido y tiene la ventaja de que contiene su propio agente humectante. Es importante revisar el envase para conocer el contenido de cloro. Un blanqueador comercial normalmente contiene cerca de 5% de cloro ("Domestos" contiene 4.2% de hipoclorito de sodio – lo que resulta en 2% de cloro disponible y el "Clorox" contiene 5.25% de hipoclorito de sodio). La clave para una esterilización efectiva es la concentración de cloro disponible y el tiempo de esterilización. Las concentraciones comúnmente utilizadas se ubican entre 0.25 y 1.5% de cloro disponible.

Una solución de "Domestos" al 10% (obtenida al diluir una parte de "Domestos" con nueve partes de agua) y un tiempo de esterilización de 5 o 10 minutos permite esterilizar la cubierta y mantener una buena calidad de la semilla.

Una vez que se abre una botella de desinfectante, sus componentes se irán deteriorando gradualmente. Por esta razón, es aconsejable utilizar una nueva botella al menos cada seis meses.

**Continúa**

## Preparación de una solución de hipoclorito de calcio

Aunque el hipoclorito de calcio en polvo es más difícil de manipular que los desinfectantes líquidos, es más barato y puede resultar menos tóxico para el material vegetal. Comúnmente se utiliza para tiempos de esterilización más largos. Su penetración es considerablemente asistida cuando se combina con un agente humectante no fitotóxico (por ejemplo 0.05% de Teepol; 0.01% de Tween 20 o Tween 80).

• Disuelva 10 g de hipoclorito de calcio en polvo, con 24% de cloro disponible, en 140 ml de agua.

• Agregue primero un poco de agua al polvo para evitar que queden partes del producto sin disolver.

• Mezcle hasta formar una pasta y agregue gradualmente el resto de agua.

• Agite por 10 minutos y luego filtre.

Esta solución mantendrá su actividad por muchos meses si se almacena dentro del refrigerador en una botella de vidrio oscuro.

Las semillas de las orquídeas a menudo contienen aire atrapado el cual, unido a su cubierta hidrofóbica, causa que ellas floten en la superficie de la solución esterilizante lo cual dificulta su desinfección (y su recolección).

Una agitación suave y constante a través de todo el proceso de esterilización asegurará un buen contacto entre las semillas y el esterilizante.

NB. El hipoclorito de calcio está disponible en una gran variedad de concentraciones de cloro disponible por lo que usted debe conocer este valor cuando realice las diluciones.

# Siembra de semillas: método del sobre

**Este método es ideal para la desinfección de pequeñas cantidades de semillas. Si usted tiene acceso a distribuidores de papel filtro, el papel Whatman No. 4 resulta ideal. Los filtros de papel para café son una buena alternativa. La clave de este método consiste en utilizar un papel que no se rompa con facilidad después de remojarlo.**

## Usted necesitará

- papel filtro
- tijeras
- pinzas
- recipiente con alcohol
- grapadora pequeña
- tubo con tapa para esterilizar los sobres con semillas
- recipiente para descartar líquidos
- quemador para alcohol
- fósforos
- reloj con alarma
- papel toalla para limpiar líquidos derramados
- solución esterilizante (por ejemplo "Domestos" al 10%)
- semillas de orquídea
- etiquetas o un marcador permanente
- frascos con medio de cultivo
- lápiz o marcador de cera si va a desinfectar varios paquetes a la vez
- plato de Petri estéril

Los pasos iniciales se pueden llevar a cabo fuera de la cámara de flujo laminar o del gabinete para transferencias.

**Continúa**

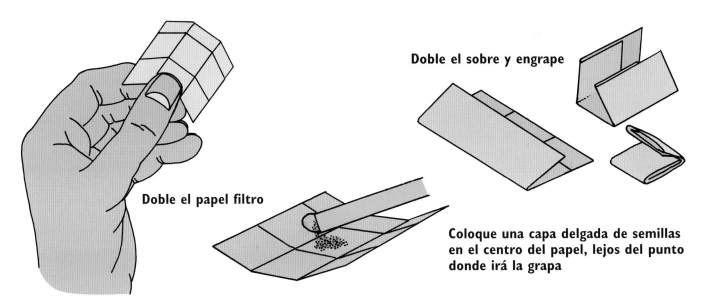

**Doble el sobre y engrape**

**Doble el papel filtro**

**Coloque una capa delgada de semillas en el centro del papel, lejos del punto donde irá la grapa**

- Coloque las pinzas y las tijeras (abiertas para asegurar la esterilización de las superficies cortantes) dentro de un frasco con alcohol.

- Rotule los frascos con el nombre de la especie (o del cruce), el nombre del medio y la fecha utilizando una etiqueta o un marcador permanente.

- Asegúrese que las tapas de los frascos estén suficientemente flojas para quitarlas sin dificultad.

- Corte el papel filtro en un rectángulo y pliéguelo como se muestra para formar un sobre de 2 cm cuadrados.

- Coloque una capa delgada de semillas en el punto indicado. Tenga cuidado de no utilizar muchas semillas porque puede que la solución esterilizante no penetre el papel filtro lo suficiente para garantizar una esterilización efectiva.

- Doble el sobre y engrápelo como se muestra en el diagrama, asegurándose que las semillas queden al lado opuesto de la grapa.

- Si va a sembrar más de un grupo de semillas, numere cada paquete con un lápiz o un marcador de cera.

**MÉTODO**

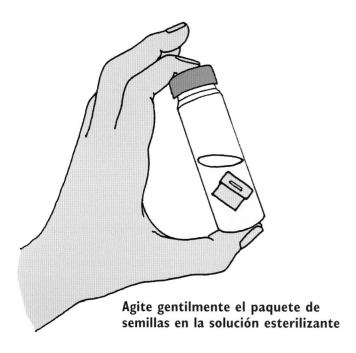

**Agite gentilmente el paquete de
semillas en la solución esterilizante**

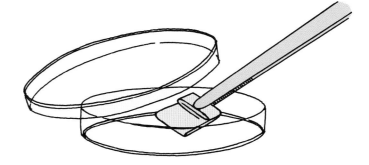

**Coloque el sobre en un plato de Petri
estéril con la ayuda de unas pinzas**

• Utilice un par de pinzas, sumerja el sobre en
agua destilada, agite suavemente para expeler el
aire que pueda causar que el sobre flote.

• Deje el sobre por 5 minutos para permitir que
el agua penetre completamente en el papel filtro.

• Llene otro tubo hasta la mitad con la solución
esterilizante.

• Transfiera el sobre con las semillas al tubo con
la solución esterilizante y ciérrelo.

• Agite el tubo gentilmente por diez minutos. Si
agita el tubo con fuerza el sobre puede romperse
y liberar las semillas en la solución. El objetivo es
lograr el máximo contacto entre las semillas y la
solución esterilizante.

Los siguientes pasos deben realizarse dentro
de una cámara de flujo laminar o dentro de un
gabinete estéril para transferencias.

• Al finalizar el periodo de esterilización quite
la tapa y descarte la solución esterilizante
en otro recipiente, procurando que el sobre
permanezca dentro del tubo.

• Enjuague el sobre con agua destilada estéril al
menos diez veces, descarte el agua después de
cada enjuague.

**Continúa**

## Siembra de semillas: método del sobre continuación

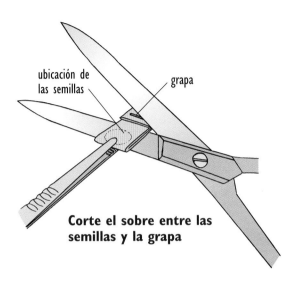

ubicación de
las semillas

grapa

**Corte el sobre entre las
semillas y la grapa**

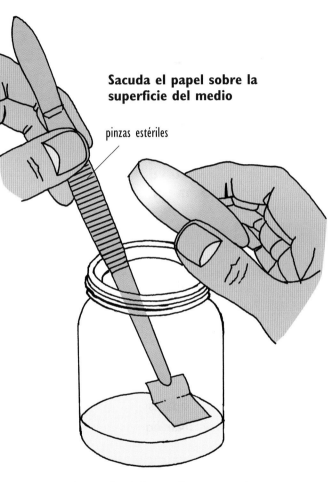

**Sacuda el papel sobre la
superficie del medio**

pinzas estériles

- Encienda el quemador y flamee las pinzas.

- Utilice pinzas estériles para transferir el sobre
  con las semillas a un plato de Petri estéril o
  recipiente similar.

- Flamee las tijeras.

- Con las pinzas sostenga suavemente el sobre
  con las semillas, corte un extremo del sobre
  con las tijeras y ábralo con cuidado.

- Sacuda gentilmente el papel filtro sobre la
  superficie del medio para obtener una capa de
  semillas delgada y bien distribuida. Las semillas
  se adherirán al medio. Si las semillas quedan
  pegadas al papel filtro, utilice las pinzas y frote la

parte de atrás del papel para ayudar
a dispersarlas.

- Coloque la tapa del frasco y selle con plástico
  para microondas.

# Siembra de semillas: método con un tubo y un disco de vidrio poroso ("sintered glass")

**Este método es adecuado para sembrar grandes cantidades de semillas y permite una buena y pareja cobertura de semillas sobre el medio. Los tubos adecuados para este proceso se pueden adquirir de proveedores de materiales para orquídeas. Alternativamente, usted puede hacer su propio tubo pegando un disco de vidrio poroso con una resina como "Araldite".**

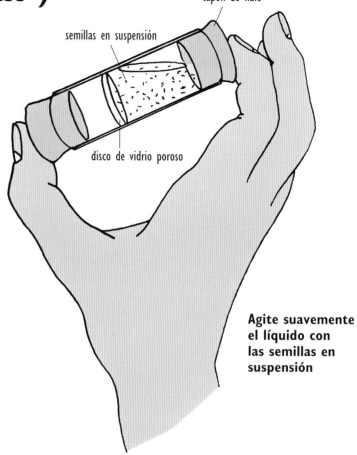

semillas en suspensión

tapón de hule

disco de vidrio poroso

**Agite suavemente el líquido con las semillas en suspensión**

## Usted necesitará

- tubo de filtrado con un disco de vidrio poroso y tapones de hule
- quemador de alcohol
- semillas
- espátula
- solución esterilizante
- frasco con agua destilada estéril
- recipiente para descartar líquidos
- jeringa de 1 ml
- reloj con alarma
- etiquetas o marcador permanente
- frascos con medio de cultivo

- Rotule los frascos con el nombre de la especie (o del cruce), tipo de medio y la fecha utilizando una etiqueta o un marcador permanente.

- Asegúrese que las tapas de los frascos están suficientemente flojas para quitarlas con una mano.

**Continúa**

# Siembra de semillas: método con un tubo y un disco de vidrio poroso ("sintered glass") continuación

- Si no puede utilizar una jeringa nueva estéril, puede esterilizar una usada llenándola y vaciándola varias veces con una solución esterilizante como "Domestos" al 10%.

- Coloque un tapón de hule en uno de los extremos del tubo.

- Coloque una pequeña cantidad de semillas en el otro extremo del tubo.

- Llene dos terceras partes del tubo con la solución esterilizante.

- Coloque un tapón de hule en el otro extremo del tubo.

- Agite suavemente la solución en el tubo por 10 minutos.

- Sostenga el tubo en posición vertical para que la solución esterilizante drene a través del filtro hacia el recipiente para eliminar líquidos. Este proceso puede acelerarse empujando el tapón hacia adentro y hacia fuera.

- Aplique la misma técnica para lavar las semillas un mínimo de cinco veces con agua destilada estéril.

- Coloque nuevamente el tapón de hule.

- Llene con agua una tercera parte de la sección del tubo que contiene las semillas.

**Succione las semillas en suspensión con una jeringa estéril**

jeringa

semillas en suspensión

disco de vidrio poroso

tapón de hule

- Con la jeringa estéril succione una porción de las semillas en suspensión.

- Remueva la tapa del frasco de cultivo y vierta con cuidado la suspensión de semillas sobre la superficie del medio.

- Cierre el frasco de cultivo y muévalo suavemente para dispersar bien las semillas sobre la superficie del medio.

# Siembra de semillas: método con un tubo de ensayo

**La ventaja de esta técnica es que requiere un mínimo de aparatos.**

## Usted necesitará

- espátula pequeña o asa de platino
- frasco con alcohol
- semillas
- tubo de ensayo con un tapón de hule
- solución esterilizante
- frascos con agua destilada estéril
- recipiente para descartar líquidos
- quemador de alcohol
- fósforos
- reloj con alarma
- jeringa de 5 ml
- pipeta Pasteur estéril (las pipetas desechables son ideales)
- etiquetas o marcador permanente
- frascos con medio de cultivo

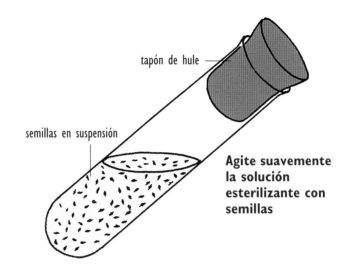

tapón de hule

semillas en suspensión

**Agite suavemente la solución esterilizante con semillas**

- Rotule los frascos con el nombre de la especie (o del cruce), tipo de medio y la fecha utilizando una etiqueta o un marcador permanente.

- Asegúrese que las tapas de los frascos están suficientemente flojas para quitarlas sin dificultad.

- Coloque una pequeña cantidad de semillas dentro del tubo de ensayo.

- Llene el tubo hasta la mitad con el agente esterilizante.

- Coloque el tapón de hule.

- Agite suavemente el contenido del tubo por 10 minutos.

**Continúa**

# Siembra de semillas: método con un tubo de ensayo

continuación

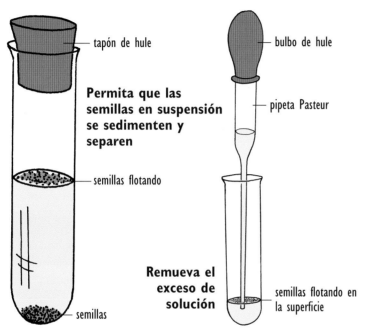

**Permita que las semillas en suspensión se sedimenten y separen**

tapón de hule

semillas flotando

semillas

**Remueva el exceso de solución**

bulbo de hule

pipeta Pasteur

semillas flotando en la superficie

- Repita el enjuague de las semillas con agua destilada estéril un mínimo de cuatro veces.

- Después del último enjuague, deje cerca de 1 ml de agua en el tubo.

- Agite el tubo para que las semillas se dispersen en el agua y vacíe rápidamente el contenido en la superficie del medio de cultivo o recoja las semillas con una espátula estéril o un asa de platino y distribúyalas sobre el medio.

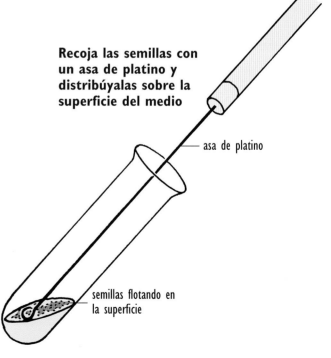

**Recoja las semillas con un asa de platino y distribúyalas sobre la superficie del medio**

asa de platino

semillas flotando en la superficie

- Deje las semillas en la solución esterilizante por 1-2 minutos. Las semillas pueden permanecer en la superficie o caer al fondo del tubo.

- Con una pipeta estéril remueva toda la solución esterilizante que sea posible sin perder ninguna semilla.

- Llene el tubo hasta la mitad con agua destilada estéril. Coloque el tapón de hule y agite.

# Siembra de semillas: método con un embudo y papel filtro

**Este método es una variación ligeramente más sofisticada del método del tubo de ensayo.**

## Usted necesitará

- los aparatos que se indicaron para el método del tubo de ensayo.
- un embudo tipo "buchner"
- papel filtro
- una bomba de vacío

- Rotule los frascos con el nombre de la especie (o del cruce), tipo de medio y la fecha utilizando una etiqueta o un marcador permanente.

- Asegúrese que las tapas de los frascos están suficientemente flojas para quitarlas sin dificultad.

- Esterilice la superficie de las semillas como se describe en el método del tubo de ensayo y vierta el contenido en un papel filtro doblado en forma de cono  colocado dentro del embudo.

- Lave las semillas vertiendo gradualmente sobre el papel filtro unos 200 ml de agua destilada estéril.

- Traslade las semillas al medio con una espátula o sacuda el papel sobre la superficie del medio.

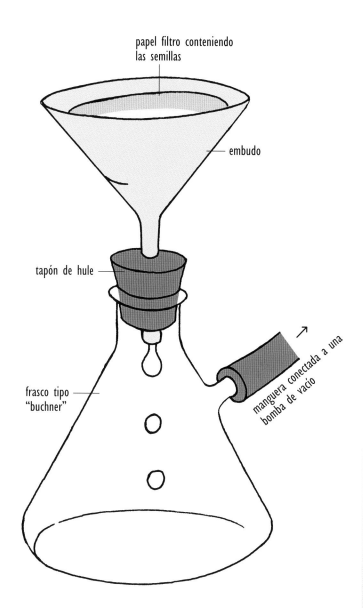

papel filtro conteniendo las semillas

embudo

tapón de hule

frasco tipo "buchner"

manguera conectada a una bomba de vacío

# Siembra de semillas: método con una jeringa

## Usted necesitará

- una jeringa
- frasco con alcohol
- semillas
- tubos de ensayo con tapa de rosca
- pinzas
- algodón hidrofílico envuelto en muselina
- solución esterilizante como "Domestos" al 10% (medida en un frasco volumétrico)
- frascos con agua destilada estéril
- frasco para desechar líquidos
- quemador de alcohol
- fósforos
- reloj con alarma
- etiquetas o marcador permanente
- frascos con medio de cultivo

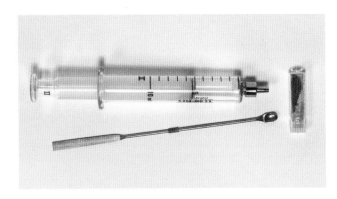

Los pasos iniciales pueden llevarse a cabo fuera de la cámara de flujo laminar o del gabinete para transferencias

- Rotule los frascos con el nombre de la especie (o del cruce), del medio y la fecha con una etiqueta adhesiva o con un marcador permanente.

- Asegúrese que las tapas de los frascos están suficientemente flojas para quitarlas sin dificultad.

- Remueva el émbolo de la jeringa y envuelva una pequeña pieza de algodón hidrofílico en muselina (una alternativa es utilizar un pedazo de un par de medias de nailon para mujer).

- Inserte el algodón en el fondo del cilindro de la jeringa.

- Coloque una pequeña cantidad de semillas. Reemplace el émbolo.

- Introduzca en la jeringa cerca de 4 ml de solución esterilizante a través del algodón.

- Mueva la jeringa para remover las burbujas de aire y para dispersar las semillas.

- Invierta y oprima el émbolo para expeler todo el aire.

- Agite la jeringa gentilmente por 10 minutos.

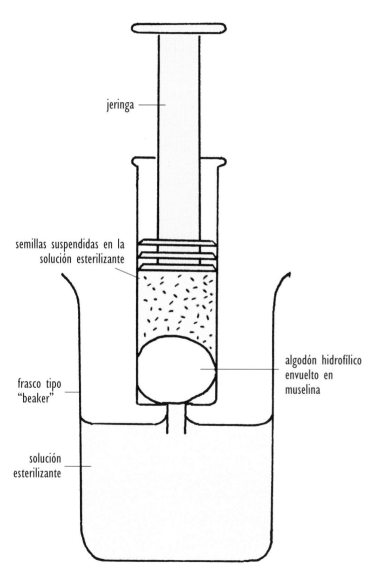

jeringa

semillas suspendidas en la
solución esterilizante

frasco tipo
"beaker"

algodón hidrofílico
envuelto en
muselina

solución
esterilizante

Las semillas deben formar una suspensión en la solución esterilizante, Si no se dispersan es porque usted está utilizando muchas semillas, en este caso usted debe empezar de nuevo o remover algo del excedente.

- Oprima el émbolo y descarte la solución esterilizante

- Introduzca en la jeringa cerca de 4 ml de agua estéril y agite por dos minutos.

- Repita el proceso de lavado un mínimo de tres veces para remover todas las trazas de la solución esterilizante.

- Las semillas pueden sembrarse de dos maneras:

  (i)  Vierta las semillas directamente sobre el medio

  (ii) Expela el agua y remueva la bola de algodón con unas pinzas estériles. Distribuya las semillas sobre la superficie del medio

# Germinación

Las semillas de las orquídeas epífitas tropicales tienden a germinar en la luz mientras que las terrestres en la oscuridad (en muchos casos la luz inhibe la germinación).

La germinación de las orquídeas epífitas tropicales puede darse en tan poco como dos semanas o puede tomar varios meses. Un tiempo promedio son cuatro semanas. Los primeros signos de germinación se observan cuando las semillas embeben agua y se engruesan. Esto es seguido por un cambio en el color de la semilla (las semillas pueden tener un color amarillo paja que luego cambia a verde cuando comienzan a producir clorofila). Cuando la semilla de una orquídea germina en la luz, en lugar de formarse una hoja y una raíz inicial, se forma una pequeña esfera compuesta por células verdes que recibe el nombre de protocormo. Conforme el protocormo crece, en su parte inferior aparecen pequeños pelos radicales, una vez que se acumula suficiente materia orgánica en la parte superior aparece el primer brote. A partir de esta estructura se formarán las primeras hojas y raíces.

La germinación de las orquídeas terrestres sigue un camino similar, pero en la oscuridad y en una escala de tiempo más larga (generalmente germinan en ocho semanas pero en algunos casos puede extenderse hasta dos años). Los frascos donde se siembran estas semillas pueden protegerse de la luz con una tela negra o envolverse con papel aluminio. Los protocormos son de color crema, a menudo con muchos rizoides. Una vez que los brotes iniciales se forman los frascos se deben trasladar a un lugar con luz.

• Los frascos se deben revisar semanalmente para detectar cualquier signo de germinación o de contaminación.

**Semillas germinadas de**
*Dimorphorchis rossii*

**Semillas germinadas de**
*Cypripedium reginae*

## Ciclo de vida de una epífita (*Laelia*)

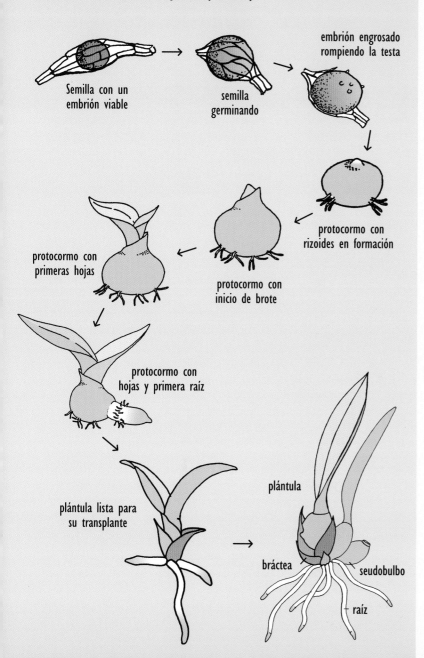

Semilla con un embrión viable

semilla germinando

embrión engrosado rompiendo la testa

protocormo con rizoides en formación

protocormo con inicio de brote

protocormo con primeras hojas

protocormo con hojas y primera raíz

plántula lista para su transplante

plántula

bráctea

seudobulbo

raíz

## Ciclo de vida de orquídeas terrestres de zonas templadas

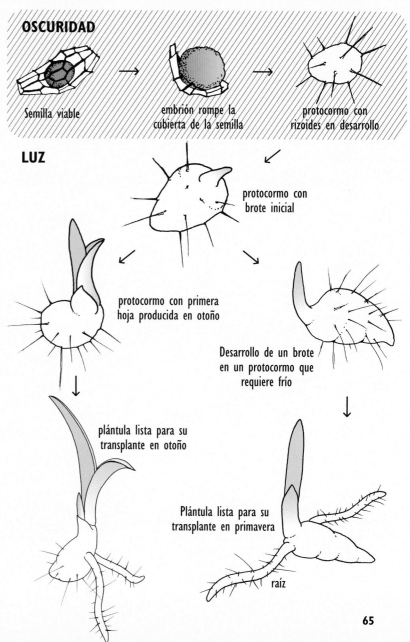

**OSCURIDAD**

Semilla viable

embrión rompe la cubierta de la semilla

protocormo con rizoides en desarrollo

**LUZ**

protocormo con brote inicial

protocormo con primera hoja producida en otoño

Desarrollo de un brote en un protocormo que requiere frío

plántula lista para su transplante en otoño

Plántula lista para su transplante en primavera

raíz

65

## Cuidado de los frascos: luz y temperatura

Las plántulas pueden crecer felices con luz natural en la medida en que la temperatura esté controlada. Sin embargo, usted puede escoger construir una mesa con iluminación utilizando luces fluorescentes. Los fluorescentes son más ventajosos que los bombillos incandescentes porque no generan tanto calor. Dos fluorescentes de luz blanca de seis pies colocados a una altura de 30 cm sobre los frascos pueden iluminar un área de 2 m x 45 cm.

El procedimiento común consiste en utilizar un fotoperíodo de 16 horas (16 horas de luz y 8 horas de oscuridad).

Aunque en el ambiente de un invernadero es importante mantener una diferencia entre la temperatura diurna y la nocturna, normalmente los frascos con plántulas de orquídea se mantienen a una temperatura constante. Si la temperatura no se mantiene constante, dentro del frasco puede ocurrir condensación la cual eventualmente puede provocar contaminación.

Nosotros recomendamos una temperatura de 22-24°C (72-75 °F).

Las temperaturas más frescas provocan que el crecimiento sea lento. A temperaturas mayores las plántulas pueden morir.

**Plántulas creciendo con luz artificial**

**Frasco saturado con plántulas de _Laelia fidelensis_**

## Transplante a un medio fresco

El transplante de las plántulas a un medio fresco es una buena práctica que produce un crecimiento más rápido. En términos generales, a menor cantidad de plántulas dentro de un frasco más rápido su crecimiento. Sin embargo, con cada transferencia se incrementa el riesgo de contaminación.

Usualmente el porcentaje final de germinación es mayor a lo esperado por lo que los frascos rápidamente se saturarán de plántulas. Esta condición reduce la tasa de crecimiento y puede llevar a la muerte de las plántulas. El transplante de las plántulas tiene el beneficio de reducir la competencia por los nutrientes del medio y puede permitir que más semillas germinen dentro del frasco original.

Las semillas de muchas especies germinarán satisfactoriamente en medios de cultivo muy simples, pero las plántulas crecerán mucho mejor en medios más complejos. Por eso usted puede optar por transferir los protocormos a un medio diferente después de algunas semanas (ver Apéndice 2: notas acerca de los medios).

Las plántulas de las orquídeas epífitas pueden transferirse en el estado de protocormo. La destreza reside en transferir pocos protocormos cada vez.

- Retire parcialmente la cubierta del plato de Petri y quite la tapa del frasco (mantenga la parte interna hacia abajo).

- Con la ayuda de unas pinzas o espátula estéril remueva algunas plántulas del plato y colóquelas sobre el medio del frasco, teniendo cuidado de que no toquen la boca del frasco.

- Coloque la tapa en el frasco y rotúlelo. Cierre el plato de Petri cuando no lo esté utilizando para evitar la deshidratación.

No pase sus manos sobre la parte superior del plato de Petri o de los frascos con medio fresco: trabaje desde un costado. Las plántulas de las orquídeas terrestres deben recogerse de forma individual con unas pinzas tomándolas del brote para evitar dañar al protocormo y los rizoides.

Conforme las plántulas crecen y maduran, los frascos deben revisarse periódicamente, preferiblemente una vez por semana, para detectar signos de contaminación o amarillamiento de los tejidos. Cualquier plántula muerta o moribunda se debe retirar pronto del medio.

**Plántulas saludables de *Cattleya loddigesii***

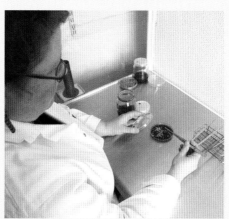

**Trabaje desde un costado cuando esté sacando las plántulas del plato de Petri**

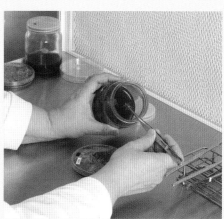

**Asegúrese que las plántulas no toquen la boca del frasco**

# Cultivo de las plántulas fuera del frasco

En la medida de lo posible, es mejor sacar las plántulas del frasco al inicio de la época del nuevo crecimiento porque esto les brinda las mejores posibilidades para establecerse. Usted tendrá muchas posibilidades de éxito si transplanta preferiblemente plántulas sanas y robustas. El mejor momento para sacar las plántulas de los frascos y cultivarlas en condiciones de invernadero es cuando tienen al menos 5 cm de alto y un buen sistema radical (foto 1). Usted debe tener especial cuidado en esta etapa debido a que las plántulas recién sacadas de los frascos son muy susceptibles a cambios bruscos de temperatura, humedad y luz, así como al ataque de hongos y bacterias patógenas. Esto se debe a que las plántulas tienen menor cantidad de cera epicuticular por lo que pierden agua muy rápidamente cuando se transfieren a condiciones externas. Las plántulas en esta etapa no son independientes ya que se han desarrollado con un suministro de sacarosa y con luz artificial de baja intensidad. Por esta razón pueden pasar varios días antes de que la fotosíntesis alcance su punto máximo. Al inicio las plántulas necesitarán condiciones de alta humedad y baja iluminación.

## Preparación del sustrato

El sustrato debe prepararse al menos 24 horas antes del transplante de las plántulas. En el Apéndice 4 se presentan algunas notas acerca del sustrato para las plántulas.

## Extracción de las plántulas

- Si el medio de cultivo está suave, las plántulas pueden removerse con cuidado con la ayuda de unas pinzas finas (foto 2). Si el medio no está suave entonces debe agregarle agua tibia y esperar una hora para que las raíces se aflojen. Las plántulas podrán retirarse con facilidad. Recuerde siempre que usted está manipulando material muy delicado. Inevitablemente se producirá una pequeña cantidad de hojas, brotes y raíces dañadas.

- Lave bien las raíces con agua tibia (15-20°C, o 59-68 °F) para remover todas las trazas del medio de cultivo porque puede actuar como una fuente de nutrientes para los potenciales contaminantes (foto 3).

- Para reducir el riesgo de daño por hongos remoje las plántulas por 10 minutos en una solución diluida de un funguicida como "Physan".

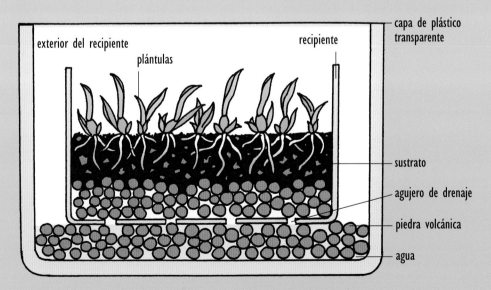

capa de plástico transparente

exterior del recipiente

recipiente

plántulas

sustrato

agujero de drenaje

piedra volcánica

agua

- Las plántulas recién lavadas deben regresarse a su frasco original y mantenerse en esta condición por una noche para que se recuperen (foto 4). El frasco debe cerrarse con su tapa original para prevenir la pérdida de humedad que es un factor de enorme importancia para estas delicadas plantas.

## Preparación de los recipientes para transplante

- Las plántulas deben transplantarse en grupos en recipientes poco profundos, de 5-7 cm de altura, con huecos en su base que permitan un drenaje adecuado (foto 5). Alternativamente, las plántulas pueden plantarse en pequeñas macetas individuales (foto 6).

- Cubra primero la base del recipiente con una capa de 1 o 2 cm de profundidad de piezas de poliestireno u otro material similar que permita un buen drenaje y un buen movimiento del aire. Agregue el sustrato.

- Anote el nombre de las plántulas y la fecha de transplante (foto 7).

- Coloque el recipiente para transplante con el sustrato en un tazón con agua tibia, de forma tal que el agua lo cubra hasta la orilla.

## Siembra de las plántulas

- Haga unos huecos sobre el sustrato con un punzón (un lápiz es perfecto) y siembre las plántulas dejando una distancia adecuada entre ellas o siémbrelas por separado en macetas pequeñas (foto 8).

- Retire el recipiente de transplante del tazón con agua. Conforme el agua drena se formará un vacío que permitirá que todas las plántulas queden levantadas como pequeños soldados en un desfile.

- Coloque las plántulas en una atmósfera húmeda (foto 9). Usted puede utilizar propagadores de plástico pero cualquier envase puede resultar adecuado siempre que permita el paso de suficiente luz y conserve la humedad.

## Cuidado de las plántulas

Durante los primeros dos meses después de que se sacan del frasco, las plántulas deben mojarse solo desde el fondo del recipiente. La humedad en las hojas es la principal causa de la pudrición y la pérdida de sus preciosas plántulas. Un buen sustrato debe absorber suficiente agua por atracción capilar y mantener la humedad necesaria para la supervivencia y el crecimiento de las plántulas.

Después de las primeras dos semanas, los ventiladores del propagador pueden abrirse gradualmente para promover el endurecimiento de las plántulas.

En el caso de que se presenten problemas de pudrición causados por hongos o por bacterias, nosotros recomendamos utilizar funguicidas o bactericidas pero a una cuarta parte de la concentración que se recomienda para otro tipo de plantas.

Después de tres meses las plántulas pueden removerse del propagador y exponerlas al ambiente del invernadero (foto 10).

Las plántulas deben regarse regularmente con una solución diluida de fertilizante, preferiblemente con un producto con un contenido alto de nitrógeno. En esta etapa del desarrollo las plántulas requieren suficiente nitrógeno para promover un óptimo crecimiento.

De acuerdo con su tasa de crecimiento, la cual varía en los géneros y las especies, usted puede ir transplantando las plántulas a macetas individuales para que continúen con su crecimiento hasta convertirse en plantas adultas y florezcan.

# SOLUCIÓN DE PROBLEMAS

# SOLUCIÓN DE PROBLEMAS

## Contaminación

La mayoría de los problemas que usted probablemente encontrará están relacionados con contaminación producida por hongos y bacterias. Es fácil distinguir entre ellos porque los hongos usualmente tienen una apariencia "peluda", mientras que las colonias de bacterias son típicamente lechosas y brillantes. La apariencia de limo verde indica que la contaminación es causada por algas. Colonias de color rosa indican la presencia de levaduras. Cada colonia se inicia con una célula o espora microscópica que rápidamente se divide hasta alcanzar un tamaño que se aprecia a simple vista.

La contaminación puede ocurrir de varias formas.

Puede ser que el medio no haya quedado completamente estéril al inicio. Por esta razón siempre es una buena idea esperar unos días antes de utilizar los frascos para detectar cualquier signo de contaminación. Los frascos contaminados deben desecharse de manera apropiada.

Si los frascos muestran contaminación pocos días después de la siembra es muy probable que las semillas estuvieran infectadas y que el proceso de esterilización no haya eliminado los contaminantes o que la contaminación haya ocurrido durante el proceso de siembra de las semillas.

Si las colonias se forman alrededor de las semillas es muy probable que ellas sean la fuente de la contaminación. Tal contaminación es causada principalmente por bacterias. En este caso se recomienda que trate de nuevo pero con un periodo de esterilización más largo.

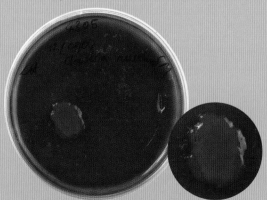

**Contaminación por bacterias en un plato de Petri**

Cuando las colonias aparecen dispersas de forma aleatoria sobre la superficie del medio, es señal de que durante el proceso de siembra ingresaron esporas de la atmósfera circundante.

Si en los frascos aparece contaminación varias semanas después de la siembra, la causa puede ser por la entrada de bacterias o esporas de hongos a través de la tapa. Esto puede suceder si ocurre condensación alrededor de los sellos de las tapas. Esta condensación puede ocurrir si se presentan grandes cambios de temperatura durante el día. El problema puede reducirse colocando una capa adicional de papel plástico transparente alrededor de las tapas de los frascos.

Algunas veces, si una colonia de bacterias es lo suficientemente pequeña, es posible removerla con éxito sin contaminar el resto del contenido del frasco. Por el contrario, no es aconsejable tratar de remover una colonia de hongos tanto por la seguridad personal (la inhalación de esporas puede causar serios problemas de salud) como por la escasa posibilidad de tener éxito ya que cualquier disturbio dispersará las esporas por todo el frasco.

Con una espátula estéril excave y retire con mucho cuidado el lugar donde crece la colonia de bacterias. Descarte la colonia con cuidado en una solución concentrada de desinfectante.

**Frasco contaminado por hongos**

# Amarillamiento de las plántulas

Después de varios meses de un crecimiento satisfactorio es posible que plántulas aparentemente sanas se tornen amarillas y mueran dentro del frasco.

Esto puede deberse a la acumulación del gas etileno (un potente regulador del crecimiento vegetal) o de dióxido de carbono producto del proceso del metabolismo del azúcar por parte de las plantas.

Remueva siempre del frasco las plántulas muertas tan pronto como aparezcan.

Utilice tapas o cierres que permitan el intercambio gaseoso con la atmósfera.

# Crecimiento inusual de raíces

Ocasionalmente. las raíces de las plántulas crecen hacia arriba y no hacia abajo del medio como es lo esperable. Aunque algunos cultivadores piensan que esto se debe al efecto del etileno y optan por utilizar como rutina tapas o cierres que permitan el intercambio gaseoso, es muy posible que el problema se deba a que utilizan un medio muy duro que dificulta que las raíces lo penetren.

# El medio de cultivo no endurece

Esto se puede deber simplemente a que el agar en el medio es insuficiente. Incremente la concentración de agar (1% debería ser más que suficiente).

Trate de utilizar un medio con una concentración más baja de agente gelificante.

El "Phytagel" requiere cierta concentración de sales para gelificar, por lo que aquellos medios que utilizan la mitad o una cuarta parte de la concentración recomendada pueden tener una concentración de sales muy baja.

Utilice un agente gelificante diferente (o incremente la concentración de sales).

# Apéndice 1: tiempos de cosecha para cultivar cápsulas verdes

Datos (días) tomados de Rodehamel, 1994

| | |
|---|---|
| *Anguloa clowesii* | 150-160 |
| *Anguloa uniflora* | 260 |
| *Angraecum sororium* | 300 |
| *Laelia anceps* | 20-150 |
| *Masdevallia instar* | 130-150 |
| *Masdevallia rosea* | 100 |
| *Odontoglossum cervantesii* | 160 |
| *Odontoglossum insleayi* | 330 |
| *Orchis morio* | 30 |
| *Paphiopedilum primulinum* | 135 |
| *Paphiopedilum purpuratum* | 360 |
| *Restrepia antennifera* | 100 |
| *Sophronitis coccinea* | 200-300 |
| *Vanda coerulea* | 290 |

# Apéndice 2: notas acerca de los medios

Dentro de los objetivos de este libro no está el brindar detalles de los nutrientes individuales que forman parte de un medio de cultivo. Los cultivadores de orquídeas más avanzados que deseen hacer sus propios medios y recetas pueden encontrar información muy útil en las publicaciones que aparecen en la página 81. Sin embargo, deseamos enfatizar que de acuerdo con nuestra experiencia la gran mayoría de las orquídeas epífitas, y muchas terrestres, pueden cultivarse satisfactoriamente en los pocos medios a los que nos hemos referido.

Los medios secos preparados pueden comprarse en varios establecimientos especializados. Un buen medio de cultivo con el que puede empezar es el Murashige y Skoog (MS). Este medio puede utilizarse a su concentración original, o diluirse a la mitad o a una cuarta parte según se requiera. El medio "Phytamax" (de la casa Sigma) contiene los macronutrientes y micronutrientes del medio MS a la mitad, más triptona/peptona, vitaminas y otros agentes nutricionales. También es posible preparar un medio satisfactorio con base en un fertilizante como el "Maxicrop" (0.75 ml/l). El medio de Vacin y Went está especialmente recomendado para la germinación de *Paphiopedilum*.

En términos generales, un medio relativamente sencillo (como el Knudson C o un MS a la mitad) será apropiado para la germinación. De acuerdo con la especie, una vez que las semillas han germinado es aconsejable transferir los protocormos a un medio más concentrado, quizás con ciertos aditivos como el homogenizado de banano que promueven un crecimiento más vigoroso.

## Suplementos opcionales
• 50 g/l de homogenizado de banano
• 2 g/l de carbón activado

## Agar
El agar (se extrae de algas marinas) es el agente gelificante de uso más común. Existe una gran cantidad de tipos de agar que varían según su grado, pero no todos son recomendados para el cultivo de tejidos vegetales porque contienen concentraciones variables de minerales como calcio, magnesio, sodio y potasio. Como regla general, entre más caro el agar mayor su pureza. Sin embargo, no es necesario utilizar agar altamente purificado. El agar Difco "Bacto" es ampliamente utilizado para el cultivo de tejidos vegetales. Nosotros utilizamos el grado para cultivo de tejidos.

En parte debido a su alto costo, los cultivadores tienden a utilizar el agar en las concentraciones más bajas que les resulte posible, por lo general entre 0.7 y 1%. La clave está en que el medio quede lo suficientemente firme para prevenir que el tejido se hunda. Probablemente 0.5% es la concentración mínima con la cual se puede lograr este objetivo. Por otra parte, no existe ninguna ventaja en tener un medio que sea muy firme si se toma en cuenta que un medio líquido permite una más rápida difusión de los nutrientes a los tejidos en crecimiento.

Algunos cultivadores prefieren utilizar "Gelrite" (Phytagel). Este producto se utiliza en el cultivo de tejidos vegetales a una concentración de 1.2-3 g/l.

### Para orquídeas terrestres

- Los macronutrientes, el hierro, los micronutrientes y las vitaminas se utilizan a ½ de la concentración del medio originalmente publicado
- No utilice reguladores del crecimiento vegetal
- Utilice 20 g/l de sacarosa
- Utilice 8 g/l de agar Sigma más 1 g/l de carbón activado

### Soluciones madre

Las sustancias químicas en pequeñas cantidades son difíciles de medir con precisión. Para incrementar la exactitud se pueden preparar soluciones madre 10X de macronutrientes y 100X de micronutrientes. Estas soluciones pueden almacenarse en un refrigerador en recipientes protegidos de la luz para uso futuro y diluirlas según se requiera.

# Medio Knudson C para el cultivo de orquídeas

La lista de sustancias químicas que se presenta tiene como fin ilustrar algunos de los componentes que usualmente se encuentran en un medio de cultivo de orquídeas.

|  | mg/l |
|---|---|
| **MACRONUTRIENTES** | |
| sulfato de amonio $(NH_4)_2SO_4$ | 500 |
| nitrato de calcio tetrahidratado $Ca(NO_3)_2.4H_2O$ | 1000 |
| fosfato diácido de potasio $KH_2PO_4$ | 250 |
| sulfato de magnesio heptahidratado $MgSO_4.7H_2O$ | 250 |
| | |
| **HIERRO** | |
| sulfato de hierro (III) heptahidratado $FeSO_4.7H_2O$ | 25 |
| | |
| **MICRONUTRIENTES** | |
| sulfato de manganeso tetrahidratado $MnSO_4.4H_2O$ | 7.5 |
| ácido bórico $H_3BO_3$ | 0.0560 |
| sulfato de cobre (II) pentahidratado $CuSO_4.5H_2O$ | 0.0624 |
| trióxido de molibdeno $MoO_3$ | 0.0160 |
| sulfato de zinc heptahidratado $ZnSO_4.7H_2O$ | 0.3310 |

|  | g/l |
|---|---|
| SACAROSA | 20 |
| AGAR | 10 |

| MODIFICACIONES | |
|---|---|
| +/- carbón activado | 2 g/l (1 g/l para orquídeas terrestres) |
| +/- homogenizado de banano | 50 g/l |
| +/- leche de coco | 100 ml/l |
| pH 5.6 | |

# Apéndice 3: una cámara sencilla

Existen muchos diseños y sugerencias para construir gabinetes sencillos y de bajo costo, útiles para sembrar semillas de orquídeas. El gabinete que se ilustra ha sido utilizado con gran éxito durante muchos años por estudiantes de secundaria. Es bueno recordar que no importa cuan sofisticado (o costoso) sea su equipo, esto no compensará una mala técnica de laboratorio. En realidad, es perfectamente posible sembrar semillas con éxito en un laboratorio con un ambiente abierto pero libre de contaminación.

El gabinete puede construirse en Plexiglas unido con un cemento adecuado. Nosotros hemos encontrado que es muy recomendable reforzar las uniones con molduras de madera, las cuales pueden atornillarse para mantenerlas unidas. Cualquier borde filoso debe lijarse o cubrirse con una cinta protectora.

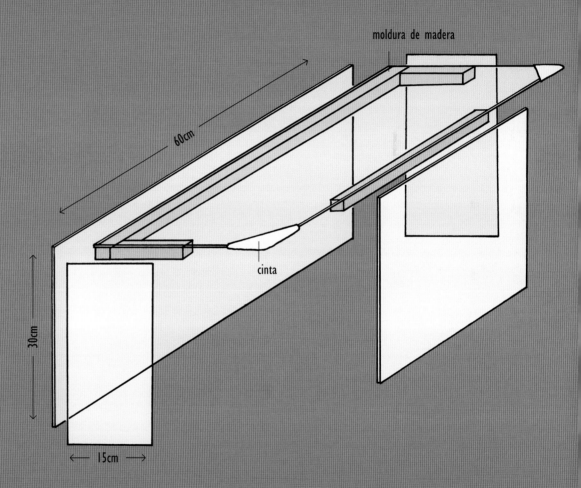

moldura de madera

60cm

30cm

15cm

cinta

# Apéndice 4: sustrato para cultivar plántulas

Los componentes apropiados para el cultivo de plántulas de orquídeas incluyen: perlita agrícola gruesa (de cerca de 4 mm de diámetro), pino fino o cualquier otro tipo de corteza disponible, carbón y musgo tipo Sphagnum. También se puede incorporar roca volcánica y fragmentos de poliestireno. El sustrato ideal debe permitir una perfecta aireación de las raíces mientras retiene humedad y permite que las finas raíces de las plántulas se extiendan con facilidad. Colar el medio resulta vital para eliminar el polvo, ya que de otra manera tenderá a obstruir los huecos de la maceta, convirtiendo el medio en una masa empapada que causará la muerte de las plántulas.

Debido a la naturaleza variable de sus componentes, resulta casi imposible proporcionar las cantidades exactas de los componentes necesarios para hacer un sustrato particular. El secreto de un buen sustrato es que permita una buena oxigenación a las raíces, lo mismo que humedad, nutrientes y anclaje. El sustrato ideal debe sentirse liviano y suave al tacto. El ejemplo que se ofrece es solo uno de muchos.

**Sustrato para orquídeas epífitas**

**6 partes**  **de corteza fina de madera para orquídeas**

**3 partes**  **de musgo tipo Sphagnum picado**

**1 parte**   **de perlita gruesa**

**1 parte**   **de carbón vegetal de grado mediano**

Las recetas de sustratos adecuados para el cultivo de orquídeas terrestres de zonas templadas son más variadas probablemente como resultado de los diferentes tipos de suelos de donde ellas provienen. Sin embargo, los mismos principios de buena aireación también se aplican. El siguiente ejemplo es un sustrato básico.

**Sustrato para orquídeas terrestres** (Cribb y Bailes)

**3 partes**  **de roca tipo marga esterilizada con calor**

**3 partes**  **de arena gruesa o piedra arenisca (6 mm)**

**2 partes**  **de hojas picadas de haya o de roble (coladas en un tamiz o cedazo de 13 mm)**

**1 parte**   **de corteza de pino (6 mm)**

**Una base de abono producido a partir de pezuña y cuernos molidos a razón de 10 ml por 10 litros**

• El sustrato debe prepararse al menos 24 horas antes del transplante de las plántulas.

• Los componentes deben cortarse en piezas no mayores de 0.5 cm.

• Cuele el sustrato en un tamiz o cedazo fino para remover cualquier partícula de polvo.

• Remoje el sustrato por 24 horas antes del transplante para permitir que todos los componentes se humedezcan.

• El sustrato debe esterilizarse con vapor en una olla de presión o en un horno para destruir cualquier bacteria, hongo o pequeño insecto que pueda estar presente. Después de enfriarlo estará listo para usarlo.

# GLOSARIO

**agar** carbohidrato gelatinoso que se extrae de las algas rojas y que se utiliza comúnmente como agente gelificante para medios microbiológicos y de cultivo de tejidos. Para la mayoría de los propósitos, 1% de agar es suficiente para gelificar el medio de forma adecuada.

**alcohol metilado** alcohol que se ha hecho no apto para beberlo mediante la adición de metanol (alcohol metílico). El metanol es tóxico y puede absorberse por inhalación o a través de la piel.

**antera** la parte masculina de la flor que porta el polen.

**autoclave** versión de laboratorio de una olla a presión, comúnmente se utiliza para esterilizar grandes cantidades de cristalería y medios de cultivo.

**cápsula** término botánico para denominar el fruto de las orquídeas.

**cera epicuticular** capa de cera que cubre las hojas y que previene la desecación de los tejidos.

**"Clingfilm"** tipo de plástico para microondas autoadhesivo que se puede estirar: es una alternativa más económica que los plásticos comúnmente utilizados en laboratorio.

**"Clorox"** marca comercial de un tipo de desinfectante.

**cloruro de calcio** sustancia química comúnmente utilizada como desecante. Cuando se seca, absorbe agua de la atmósfera: una solución saturada mantiene una humedad relativa constante (y conocida) a una temperatura particular. A 20°C o 68°F (la temperatura usual en una habitación) una solución saturada de cloruro de calcio produce una humedad relativa de 30%.

**cloruro de cobalto** sustancia química que se agrega usualmente a la sílica gel (y utilizada también en papel de cloruro de cobalto) como un indicador para la presencia de humedad. Es azul cuando está seca, y gradualmente cambia a rosa cuando absorbe humedad. Recientemente se ha expresado alguna preocupación por sus posibles efectos tóxicos, razón por la cual su uso se ha sustituido por un producto más seguro llamado "sílica naranja".

**cloruro de litio** se puede utilizar una solución saturada de esta sustancia química como desecante. A 20°C, 68°F (aproximadamente la temperatura de una habitación) una solución saturada de cloruro de litio produce 12% de humedad relativa.

**columna** estructura central en las flores de las orquídeas producto de la fusión de los órganos femeninos y masculinos de la flor.

**contenido de humedad en la semilla** la cantidad de humedad contenida en la semilla comparada con el peso total de la semilla, usualmente expresado como el porcentaje de peso húmedo. Para el almacenamiento a largo plazo se recomienda que las semillas tengan un contenido de humedad de 5-6%, el cual se produce colocando las semillas sobre una solución saturada de cloruro de calcio o de cloruro de litio por 3-4 días a temperatura ambiente (20°C o 68°F).

**dehiscencia** secado y apertura. Hacia el final de su desarrollo, las cápsulas de las orquídeas por lo general comienzan a cambiar de color conforme pierden humedad y eventualmente se abren a lo largo de unas suturas para liberar las semillas maduras.

**desecador** recipiente (usualmente un frasco) que contiene desecante y que se utiliza para secar las semillas.

**desecante** cualquier sustancia que puede absorber humedad. Además de los productos químicos desecantes de uso común, se puede utilizar arroz o carbón seco. Ambos pueden secarse en un horno a 105°C (220°F) por al menos 3 horas antes de utilizarse y se pueden volver a utilizar regularmente.

**"Domestos"** es la marca de un desinfectante de uso común en el Reino Unido. Contiene hipoclorito de sodio como desinfectante y un agente humectante. Usualmente se utiliza diluido al 10%. Es muy importante recordar que con el uso y apertura frecuente, el producto gradualmente pierde su poder desinfectante. Por lo tanto, la solución desinfectante debe reemplazarse regularmente (cada 6 meses como mínimo).

**"Duran"** botella tipo Pyrex (hecha de borosilicato resistente al calor) con tapa de rosca que a menudo se utiliza en laboratorio (ver ilustración en la página 37).

**embrión** parte de la semilla que se desarrolla en una planta.

**estaminodio** estructura que se encuentra en la parte central de las flores de las orquídeas tipo zapatilla, ocultando frecuentemente el polen y el estigma.

**fitotóxico** venenoso para las plantas.

**"Gelrite"** agente gelificante alternativo al agar.

**herméticamente sellado** significa que la humedad no pueda entrar ni escapar de un frasco. Idealmente, las semillas deben almacenarse en un recipiente herméticamente sellado para mantener un contenido de humedad constante.

**hipoclorito de calcio** sustancia química comúnmente utilizada como desinfectante en laboratorios profesionales dedicados al cultivo de orquídeas, especialmente cuando se requieren largos tiempos de esterilización. Se utiliza debido a que es menos tóxico para las semillas que el hipoclorito de sodio.

**humedad relativa** cantidad de vapor de agua en el aire comparado con la cantidad de humedad que puede mantener. Se expresa como un porcentaje. El valor es sensible a la temperatura, cuando la temperatura del aire aumenta la cantidad de humedad que puede mantener también aumenta y la humedad relativa disminuye.

**"Kilner"** tipo de frasco que se utiliza para preservar gracias a un sello de hule que fue inventado por un ciudadano inglés del mismo nombre. Las investigaciones llevadas a cabo en el Proyecto Banco de Semillas del Milenio muestran que estos frascos forman un sello efectivo de larga duración. Como precaución se recomienda que los sellos se renueven cada diez años. En otros países se pueden encontrar frascos similares con otros nombres.

**labelo** término botánico con el cual se denomina al labio de la flor.

**labio** el labio de la flor de una orquídea es normalmente un pétalo altamente modificado que actúa como una bandera que atrae a los polinizadores y a menudo funciona como plataforma de aterrizaje. En las orquídeas tipo zapatilla el labio está modificado en una estructura similar a un saco que atrapa a los potenciales agentes polinizadores.

**medio de cultivo** cualquier combinación de sustancias químicas que sean adecuadas para el cultivo aséptico de semillas o de plántulas.

**ovario** la estructura que contiene los óvulos y que se desarrolla en la cápsula que contiene las semillas. En las orquídeas se encuentra inmediatamente después de la flor.

**óvulo** célula reproductiva femenina, es un huevo.

**papel filtro** papel absorbente que se utiliza en el laboratorio para filtrar soluciones químicas. Comercialmente se produce en una gran variedad de grados pero domésticamente puede sustituirse por papel filtro para café siempre que éste no se desintegre cuando se sumerge por largos períodos en una solución desinfectante.

**pH** medida del grado de acidez o alcalinidad de una solución. La escala de pH va de cero a 14. Un pH de 7 es neutro. Valores debajo de pH 7 indican soluciones progresivamente más ácidas; valores superiores indican soluciones más alcalinas.

**plato de Petri** plato poco profundo con una cubierta que se traslapa y que fue inventado por el bacteriólogo alemán R. J. Petri. Se pueden adquirir platos de vidrio o de plástico esterilizados y desechables.

**polen** gameto masculino (célula reproductiva).

**polinario** juego completo de los polinios de una antera. Con ese nombre se denomina a la unión de los polinios con el viscidio, más cualquier otra estructura que les una.

**polinio** masa agregada de polen que puede ser pegajosa (como en las orquídeas tipo zapatilla) o dura.

**protocormo** bola de células que producen las semillas de las orquídeas cuando germinan.

**psi** abreviatura del término en inglés "libras por pulgada cuadrada" comúnmente utilizada para referirse a la presión dentro de un autoclave cuando el vapor de agua alcanza una temperatura de 121°C. En el sistema métrico decimal dicha presión corresponde a 105 Pa.

**rizoide** estructura similar al pelo de una raíz.

**rostelo** tejido que separa la antera del estigma. Es la porción del estigma que ayuda a que el polinio se adhiera al polinizador.

**sépalo** uno de los tres segmentos florales externos. Aunque en otras familias de plantas son frecuentemente verdes y parecidos a escamas, en Orchidaceae son a menudo similares en color a los pétalos.

**sílica gel** un desecante de uso común. Nuestra principal preocupación con el uso de la sílica gel es que inadvertidamente puede causar que las semillas se sequen excesivamente causando la pérdida de su viabilidad.

**sílica naranja** reciente (y más seguro) sustituto de la sílica azul / rosa. Es naranja cuando está seca y gradualmente se torna clara cuando absorbe humedad.

**sinsépalo** la fusión de dos sépalos inferiores que se observa en las orquídeas tipo zapatilla.

**solución saturada** solución en la cual no es posible disolver más cantidad de soluto de una sustancia química. Para confirmar que se ha logrado una solución saturada se debe observar una pequeña cantidad de producto químico sin disolver.

**"Teepol"** agente humectante no fitotóxico.

**"Tween"** agente humectante no fitotóxico.

**testa** término técnico para designar la cubierta de las semillas.

**vidrio tipo "sintered"** vidrio poroso que puede utilizarse como filtro.

**viscidio** disco pegajoso al cual se adhieren los polinios.

# Literatura complementaria

Arditti, J. (1982). Orchid seed germination and seedling culture – a manual. pp. 243–370 *in* J.Arditti (ed.) *Orchid Biology: Reviews and Perspectives II.* Cornell University Press, London.

Arditti, J. (1992). *Fundamentals of Orchid Biology.* John Wiley and Sons.

Cribb, P. and C. Bailes, (1989). *Hardy Orchids: Orchids for the Garden and Frost-free Greenhouse.* Christopher Helm, London.

Dixon, K.W., Kell, S.P., Barrett, R.L. and P.J. Cribb, (2003). *Orchid Conservation.* Natural History Publications (Borneo), Kota Kinabalu, Sabah.

Hicks, A.J. (2000). *Asymbiotic technique of Orchid Seed Germination.* The Orchid Seedbank Project, Chandler, USA.

Knudson, L. (1946). A new nutrient solution for the germination of orchid seed. American Orchid Society Bulletin **15**: 214–217.

Seaton, P.T. and H.W. Pritchard, (2003). Orchid Germplasm Collection, Storage and Exchange. pp. 227–258 in Dixon, K.W., Kell, S.P., Barrett, R.L. and P.J. Cribb, (eds.). *Orchid Conservation.* Natural History Publications (Borneo), Kota Kinabalu, Sabah.

Lucke, E. (1975). Sowing of orchid seed – made easy. *American Orchid Society Bulletin* **44**: 109–118.

Murashige, T. and Skoog, F. (1962). A revised medium for rapid growth and bio assays with tobacco tissue cultures. *Physiol. Plant.* **15**: 473–497.

Ramsay, M.M. and K.W. Dixon, (2003). Propagation Science, Recovery and Translocation of Terrestrial Orchids. Pp. 259–288 in Dixon, K.W., Kell, S.P., Barrett, R.L. and P.J. Cribb, (eds.). *Orchid Conservation.* Natural History Publications (Borneo), Kota Kinabalu, Sabah.

Rodehamel, W.A. (1994). Green capsule culture harvest times. *American Orchid Society Bulletin* **63**: 540–541.

Sanchez, E. (2003). Deflasking Orchid Seedlings. *The Orchid Review* **111**: 242–249.

Thompson, P.A. (1977). *Orchids from Seed.* Royal Botanic Gardens, Kew.

Vacin, E.F. and Went, F.W. (1949). Some pH changes in nutrient solutions. *Botanical Gazette* **110**: 605–613.

**Phil Seaton** ha sido profesor de biología y aficionado al cultivo de las orquídeas por más de 30 años. Él tiene un especial interés y una gran experiencia en el almacenamiento de semillas (es coautor de relevantes publicaciones científicas acerca de este tema) y en la micropropagación con fines de conservación. Ha enseñado técnicas de almacenamiento de semillas y micropropagación de orquídeas en el Reino Unido y en varios países de América Latina. Recientemente dejó su trabajo de profesor para concentrarse en la escritura, la ilustración y la conservación de las orquídeas. Philip coordina el proyecto Darwin OSSSU, Almacenamiento de Semillas de Orquídeas para Uso Sustentable (Orchid Seed Stores for Sustainable Use en inglés).

**Margaret Ramsay** coordina la Unidad de Micropropagación de los Reales Jardines Botánicos de Kew, donde desarrolla y aplica técnicas in vitro para conservar especies en peligro de extinción. Su laboratorio realiza la germinación in vitro de una gran diversidad de orquídeas tropicales, que proceden principalmente de las colecciones vivas de Kew. Ella posee una gran experiencia como instructora y asesora dentro y fuera de Kew y es miembro del Grupo de Especialistas en Orquídeas y del Grupo de Especialistas en Reintroducción de la SSC de la UICN. Margaret también dirige el Proyecto Sainsbury para la Conservación de Orquídeas, el cual se lleva a cabo con la colaboración de agencias conservacionistas del Reino Unido para propagar orquídeas británicas en peligro de extinción a partir de semillas.

**Jorge Warner** es biólogo especializado en el cultivo in vitro de orquídeas. Jorge es miembro del Grupo de Especialistas en Orquídeas de la UICN y director del Jardín Botánico Lankester (Universidad de Costa Rica) desde donde ha impulsado el estudio y la conservación de las orquídeas de Mesoamérica y otras áreas del Neotrópico.